九宫格写作法

如何写出一篇好文章

[日]山口拓朗 著

中国青年出版社
CHINA YOUTH PRESS

图书在版编目（CIP）数据

九宫格写作法：如何写出一篇好文章/（日）山口拓朗著；李凌洁译.
—北京：中国青年出版社，2020.10
ISBN 978-7-5153-6181-9

Ⅰ.①九… Ⅱ.①山… ②李… Ⅲ.①写作–方法 Ⅳ.①H052

中国版本图书馆 CIP 数据核字（2020）第180192号

"9 MASU" DE NAYAMAZU KAKERU BUNSHOJUTSU by Takuro Yamaguchi
Copyright © Takuro Yamaguchi 2019
All rights reserved.
First published in Japan by SOGO HOREI PUBLISHING Co., LTD., Tokyo.
This Simplified Chinese edition is published by arrangement with
SOGO HOREI PUBLISHING Co., LTD., Tokyo in care of Tuttle-Mori Agency, Inc., Tokyo
through Jia-Xi Books Co., Ltd, New Taipei City.
Simplified Chinese translation copyright © 2020 by China Youth Press.
All rights reserved.

九宫格写作法：如何写出一篇好文章

作　　者：	[日] 山口拓朗
译　　者：	李凌洁
策划编辑：	刘　吉
责任编辑：	胡莉萍
文字编辑：	方荟文
美术编辑：	杜雨萃
出　　版：	中国青年出版社
发　　行：	北京中青文文化传媒有限公司
电　　话：	010-65511272 / 65516873
公司网址：	www.cyb.com.cn
购书网址：	zqwts.tmall.com
印　　刷：	大厂回族自治县益利印刷有限公司
版　　次：	2020年10月第1版
印　　次：	2024年11月第4次印刷
开　　本：	880mm×1230mm　1/32
字　　数：	110千字
印　　张：	5.75
京权图字：	01-2020-5301
书　　号：	ISBN 978-7-5153-6181-9
定　　价：	59.00元

版权声明

未经出版人事先书面许可，对本出版物的任何部分不得以任何方式或途径复制或传播，包括但不限于复印、录制、录音，或通过任何数据库、在线信息、数字化产品或可检索的系统。

中青版图书，版权所有，盗版必究

目 录

前言 ·· 007

第1章 用"九宫格×自问自答"变身写作达人

"不过度在意他人的评价"是写好文章的诀窍 ·················· 011

值得一读的文章应兼备"信息"和"感受" ······················ 014

活用"问答习惯",就不愁写不好文章 ····························· 016

用"九宫格自问自答法"收集优质的写作素材 ·················· 019

用"基础问题"收集信息,用"铲子问题"拓展话题 ·········· 023

"7W3H"让你不再为提问发愁 ······································ 026

受读者欢迎的文章不能缺少"Why(为什么)" ················ 027

用"How(怎么)"引出读者喜欢的信息 ·························· 030

认真收集"内部信息"和"外部信息" ···························· 032

填好九宫格就开始动笔吧 ·· 035

热情写作,冷静修改 ·· 037

做好自问自答,写出"受读者欢迎的文章" ······················ 040

第 2 章 用"九宫格信息收集法"收集高品质的写作素材

将收集的信息内化为自己的东西 …………………………… 045

填表就能获得所需信息的"九宫格信息收集法" …………… 046

一篇好文章百分百靠准备 …………………………………… 048

用"1个主题×9个单元格"拓展更深层的信息 ……………… 051

出发前预留出做笔记的空间 ………………………………… 053

"九宫格信息收集法"同样适用于商务场合 ………………… 055

随时随地做笔记,想要的信息便会纷至沓来 ………………… 057

第 3 章 用"礼物"意识推敲文章

什么样的文章算是"好文章"? ……………………………… 061

写文章时是否有送人礼物的意识? …………………………… 063

用"九宫格"筛选出"礼物"的素材 ………………………… 064

文章读者 = 目标读者 ………………………………………… 068

预设目标读者的"理想反应" ………………………………… 071

把握目标读者需求的"5个问题" …………………………… 074

以送"礼物"的心情写文章 ………………………………… 078

简历、求职信同样要以送"礼物"的心情写…………………………… 082

第4章 最强的"写作模板"！飞速提升写作速度！

写作模板"领路"，让你不再为写作发愁 ………………………… 089

瞬间吸引读者的"结论优先型模板" …………………………… 090

高效准确地传达作者意图的"列举型模板" …………………… 095

容易引起读者共鸣的"故事型模板" …………………………… 101

用"事件×感受型模板"表现个人特色 ………………………… 107

写作模板可以迅速提高写作速度 ……………………………… 111

第5章 实践的第一步，从140字的SNS开始

写作，从"一条状态"开始 ……………………………………… 115

表达出"自己的感受"才能与众不同 …………………………… 117

找到最适合自己的搭配模板 …………………………………… 121

以半径5米内的事为写作"素材" ……………………………… 126

事先了解SNS的特点 …………………………………………… 129

提升语法和词汇水平① 注意"一文一义" …………………… 131

提升语法和词汇水平② 拉近主语和谓语的距离 ……………… 133

提升语法和词汇水平③ 不用多余的表达和措辞 ················ 135

提升语法和词汇水平④ 要尽可能写得具体 ··················· 138

写给"比自己水平低的人"看·· 141

第6章 "写作大脑"练习法

用150字说明身边的事和物 ·· 145

通过"九宫格近义词转换游戏"增加词汇量 ····················· 149

通过"'比如'游戏"增加具体例子 ·································· 152

通过"'也就是'游戏"掌握归类能力 ······························· 154

通过"指路游戏"提高逻辑说明能力 ······························· 157

在"模仿"中释放出自己的魅力 ····································· 161

将写作时间缩短两成 ·· 164

树立实践"PDCA"的意识 ·· 166

每天写下3个好消息 ··· 170

为5年后的自己写份"未来简介" ·································· 173

毕业题:用"九宫格自问自答法"写一篇影评 ················ 177

结语 ·· 183

前 言

"希望能文思泉涌,不再为写作烦恼。"
"想写出自己心里的想法(但写不出来)。"
"希望能逻辑严谨地表达出自己的想法。"

正在看这本书的你是否也有类似的烦恼?不必担心,本书将手把手地教你简单易操作的写作技巧,让你不再为此烦恼。

可是话说回来,为什么写作会成为我们的痛呢?

很重要的一个原因是"我们都太在意别人的目光"。

越是"想要展现完美的自己""突出自己文笔"的人,越容易忽略最重要的东西,那就是自己的"观点"和"感受"。

而越是专业作家、记者、热门博主,甚至身边擅长写作的人,越能直面自己的观点和感受,并将其作为"信息"输出。也正因为如此,他们写的文章才会广受读者欢迎。

然而直面自己的观点和感受并不是件易事。为此,这本书里介绍的"九宫格写作法"将为你解决这个难题。简单来说,就是借助九宫格输出自己的想法,然后将这些信息用文字表达出来。这个方法能帮助我们快速获取写作所需的信息,剩下的只需用文字表达出来即可。掌握了这个方法，你将不再为写作犯愁。

那么为什么要使用九宫格呢？首先，**人都有遇到空白框就想填满的习惯**。其次，作为一个获取信息的工具，4格或6格未免信息量太少，而12格或16格又容易让人畏难、退缩。从这个意义上来说，9格算是最巧妙的设计。

从"收集信息"到"整理信息"，再到"编写文章"，九宫格在所有步骤中都是不可或缺的。**当那些如迷雾般模糊的信息被填入九宫格，就会立刻变得清晰起来**，而有了写作素材的我们也无须再为"写点什么好"而烦恼。

当然，本书也会详细地解说"文章应该怎么写"。特别是第4章里介绍的文章模板，它一定能让烦恼于文章结构的你豁然开朗。

并且，我们还将介绍符合互联网时代特色的写作技巧。如果你能分别掌握好商务文书与生活作文的写作技巧，你的人生将发生很大的变化。

写作就是一场对话。它既是与读者的对话，也是与自己的对话。请灵活运用九宫格，去享受每一场对话吧。

准备好了吗？接下来，活用九宫格之旅即将开启。

山口拓朗

第 1 章

用"九宫格×自问自答"变身写作达人

"不过度在意他人的评价"是写好文章的诀窍

人往往会因过度在意他人的评价而对写作产生抵触情绪,这点我在前言部分已有提及。要想轻松写出好文章,我们不妨先来找找产生问题的根源。

以下是我在写作课上经常听学生提起的几点:

- 什么是正确的写作方法?
- 不想与众不同(观点或想法)。
- 害怕被否定、被批判。
- 羞于表达自己。

事实上,大家的这些想法都**源自"过于在意他人的评价"**。这并不是个别现象,而是"追求正确答案、避免凸显个性"的当今教育体制所存在的弊端。但你必须意识到:**没有个性的文章是"毫无价值"的**。

那么，首先给想要提升写作能力的你以下几点建议：

- 并没有所谓的"唯一正确的写作方法"。
- 写作就是为了表达不同意见与想法。
- 只有经得起否定和批判才能独当一面。
- 人应该为无法表达自己而感到惭愧。

总而言之，**不必过于在意他人的评价**。不可思议的是，**从你接受了这个观点的那一刻起，你的文章便被赋予了力量**。

也就是说，觉得"写不出来""不擅长写作""讨厌写作"的人其实是**自己想法上存在问题**。就好像新手司机开车上路，因为过于害怕以至于既踩住了油门又踩住了刹车，这样车是无法前行的。恐怕在这样的操作下，无论是车还是人都会出故障吧。

法国博物学家布丰曾说过"文如其人"[①]，意思是"一看文章便知作者是谁"。如果想要表现自己的人格魅力（并且希望得到大家的理解），那么写文章时一定不要有丝毫伪装。

我见过许多卸下心防专于写作，并把文章公开于网络的人。他们**习惯于用文字表达自己真实的意见和观点，自信让他们越发精神焕发，与过去判若两人**。同时，与之成正比增长的还有他们文字里所蕴含的力量，以及文章所引发的共鸣。最终，喜欢他们的读者也随之

---

① 引申自布丰的著名演讲《风格论》中"风格则是属于个人的"。——编者注

增加。

如果想用"个人风格"鲜明的文章去打动读者，并且让读者从文章中有所收获，那就不要犹豫，明确地将自己的观点表达出来吧。

希望这本书可以帮助你找到展现个人风格的写作方式。

值得一读的文章应兼备"信息"和"感受"

好了,让我们赶紧来学习一下具体的写作方法吧。

先假设这样一个场景,有一天你想吃拉面,于是你去网上检索拉面店的网评,并看到了下面这条评论。

评论1

> 我在饭田桥的"小丸子"吃了碗拉面,很好吃。

你继续往下翻看,最终目光停在了下面这段文字上。

评论2

> 我在饭田桥的"小丸子"吃到了极品豚骨汤面。汤底是炖了3天的猪骨浓汤,配菜是氽烫得恰到好处的豆芽菜,吃起来脆嫩爽口。桌子上放有店家推荐的柚子胡椒,只需撒上一点点,柚子那清新的酸味便会让你眼前一亮。

当然这两段文字的作者你都不认识。

如果给这两段文字配上同一张拉面照片,那么哪碗拉面更让你心动呢?我想一定是评论2里所介绍的那碗吧。

评论2之所以能成功地吸引到你，正是因为它兼备了具体的"信息"和作者的"感受"。

然而，不擅长写作的人很难做到二者兼备。一篇满载笔者碎碎念的文章是很难引起读者注意的……最终结果就是被大家忽略。

当然，临时兴起想写点什么，这并不是件坏事。在这个"撰稿人过亿"的时代，谁都可以在博客、Instagram、推特、脸书等社交平台上各抒己见，我也能理解"一看到感兴趣的文章就想写点东西"的激动心情。

但是，如果你既非网红又非名人，那么首先**你得接受写作训练，让自己的文章兼备"信息"与"感受"**。

当我们想烹饪美食时，一般会先查看菜谱，在大致浏览完步骤后，会去准备所需食材，然后开始烹饪。

文章也是如此。**要想写出优质的文章，首先素材（信息）收集是必不可少的。另外，对自己进行采访式的"自问自答"将有助于你更好地表达出自己的感受。**

既然特意抽出时间写文章，那么你一定希望它是一篇"值得一读"或是"干货满满"的文章吧！

活用"问答习惯",就不愁写不好文章

越会提问的人,文章写得越精彩。

事实上,"提问方式关系着文章的好坏",这是每位优秀的记者都深以为然的。为了能采访到更好的内容,他们会精心设计问题,并反复进行模拟。

有研究称,人一天需要做出9000多次决断,也就是说人一天会问自己9000多个问题。**所以说,其实每个人都是"自问自答的专家"**,那么我们就没有理由不发挥自己的特长。**只要提问够高明,每个人都能流畅地写出"通俗易懂"的文章。**

下面,让我们来看这样一个例子。

文章1

> 我今天中午吃了豚骨汤面。

假设你在推特上发了上面这段文字,那么请思考,是什么提问让你写下这段文字的呢?下面的问题1为参考答案。

问题1 你今天中午吃了什么？

文章1中的"我今天中午吃了豚骨汤面"正是对问题1的回答。

在本节开头我曾写道，大脑是在下意识状态下进行自问自答的。也就是说，大脑早已在我们没有意识到的情况下，高速完成了为文章1匹配适当问题的整个流程。

那么写完文章1，接下来又该怎么写呢？

作为读者，应该会想知道这家拉面店的具体位置和店名吧。如果文中有提到这些读者想知道的信息，那就再好不过了。那么，为了引出这些信息，你会想到什么样的问题呢？

问题2 那个豚骨汤面是在哪里吃的？

这时就该出现问题2了，接下来出现诸如"饭田桥""小丸子拉面"之类的地名和店名等信息也就顺理成章了。

如果将这些信息添加到文章1中，我们就能写出下面的文章2。

文章2

今天中午去了饭田桥的"小丸子拉面"吃豚骨汤面。

在这个阶段，你完全不必担心写不好该怎么办。

通过不断地自我提问，你将收集到越来越多的写作素材，于是写出一篇好文章也就全然不在话下了。

另外，即使你尚未养成自问自答的习惯也没有关系，只要有意识地实践练习就必然能成为习惯。

千里之行，始于足下。

首先请在能力范围内开始实践吧。

用"九宫格自问自答法"收集优质的写作素材

如果突然被要求用自问自答的方式写作,或许很多人会不知所措,**"九宫格自问自答法"或许能解决你的烦恼。**

简单说就是制作一个含有9个单元格的表格,然后在每个单元格内分别填入一个问题,并进行回答。

书写促使大脑信息可视化,其结果就是,我们不必再为写作而烦恼。

可能你会觉得9个单元格太多,怕自己完成不了任务。不用担心,一旦你定下了"最少想出9个问题"的目标,大脑自然会"加大马力"配合你达成目标,因为事先定好的单元格数会激起你"将其填满"的潜在欲望。

九宫格就是一个协助大脑更好运转的便利工具。

接下来,让我们再回到上一节的文章2,一起来思考,为了获得更多更好的写作素材,我们还可以提出哪些有关豚骨汤面的问题呢?

"那个拉面看起来怎么样?"

"汤头味道如何？"

就这样，随着提问的增多，我们对拉面的印象也更加具体。下页的表格1-1是提问示例。

怎么样？首先请思考下页表格1-1中的9个问题，这是我们写作前的重要步骤。不要提笔就写，而是**在"设定问题—思考答案"的过程中收集写作素材**。

表格1-2则是填写好回答的九宫格。它只是一个填写示范，并不是标准答案。我们的关注重点也不应该是表格1-2里填写了什么内容，而是为了获得写作素材，我们应该如何做好这个环节。

另外，为了方便说明，也为了让读者更易理解，我一次性将9个问题全部写了出来，但是实际操作时并不需要这样做。你只需按照"自问1→回答""自问2→回答"的顺序慢慢推进即可。因为在实际操作中，你很可能会根据上一题的答案去调节下一个问题。

表格1-1　题目：中午吃的豚骨汤面　自问例

自问1 今天中午吃什么了？	自问2 去哪里吃的？	自问3 和谁一起去吃的？
自问4 拉面看起来怎么样？	自问5 汤底的味道和口感如何？	自问6 配菜是什么？
自问7 另外还有什么特色吗？	自问8 它在你心目中排第几位？	自问9 你对拉面满意吗？

第 1 章　用「九宫格 × 自问自答」变身写作达人

表格1-2　题目：中午吃的豚骨汤面　自问自答例

自问1 今天中午吃什么了？	自问2 去哪里吃的？	自问3 和谁一起去吃的？
豚骨汤面	饭田桥的"小丸子拉面店"	和同事小林、佐藤
自问4 拉面看起来怎么样？	自问5 汤底的味道和口感如何？	自问6 配菜是什么？
汤头偏茶色，配菜多到看不见面条。碗里升起的阵阵热气让人垂涎欲滴	虽然它属于浓稠的豚骨鱼介系汤头，但吃起来比预想的要清淡	豆芽菜、烧肉、溏心蛋，柚子胡椒是重点
自问7 另外还有什么特色吗？	自问8 它在你心目中排第几位？	自问9 你对拉面满意吗？
面是略粗的卷面，很有嚼劲，入口存在感十足；装饰用的配菜是紫菜味的绿紫苏，非常加分	第3位	我应该每周都想去吃一次，这家店我给95分

用"基础问题"收集信息，用"铲子问题"拓展话题

要想用九宫格准确地输出信息，写出引起读者共鸣的文章，"提问方式"是其中关键。

提问一般可分为**"基础问题"**和**"铲子问题"**两大类。**基础问题是为了收集与题目相关的基本素材（信息），而"铲子问题"则是为了获得更为具体深入的延展素材（信息）。**

基础问题是写文章不可或缺的。一篇没有提及旅行地点的游记只怕会让读者抓狂，而作者之所以会忘记写地点，想必是在执笔之前忘了设定"旅行地是哪儿？"这个基础问题。

> **自问1** 你要去哪儿呀？
> **自答1** 我要去意大利的米兰。

这时候就有必要通过自问1和自答1引出旅行地点。

然而基础问题引出的只是"客观事实"，它们缺乏趣味性。单纯提供信息的文章很难让读者满意。

于是，这时候就轮到**"铲子问题"**登场了。

当你认为"这个很重要",或是"这个话题值得深入探讨"时,不妨像用铲子挖土一样将话题往深处拓展一点。丰富且具体的素材**既能增加文章的长度,也能拓展它的深度。**

但如果感觉很难深挖到有趣的素材,也不必硬着头皮拓展话题,不妨试着做一次自我采访,思考此时该问自己什么问题。

那么,所谓的基础问题具体是什么样的呢?首先我们来看一下第22页表格1-2的9个问题中,哪些属于基础问题范畴?要想弄清楚这些,你得把握好基础问题的概念——"为了收集基本信息而提出的问题"。

以下是正确答案。

问题1　今天中午吃什么了呀?
问题2　中饭是去哪儿吃的呀?
问题3　你和谁一起去吃的呀?
问题6　拉面的配菜是什么呀?

而铲子问题又有哪些呢?

问题4　拉面看起来怎么样呀?
问题5　拉面汤头的味道和口感怎么样?
问题7　它还有什么特色吗?
问题8　它在你心目中排名第几呢?
问题9　你的满意度大概是多少呢?

以上问题都属于铲子问题。

大家对基础问题和铲子问题的区别应该都了解了吧。

因为这个问题很重要，我再强调一遍：基础问题问的是"事实"，它的答案是固定的。而铲子问题则因看问题的角度以及个人感受的不同而产生较大的差异，**甚至可以说铲子问题的答案决定了文章的好坏**。

所以，**建议大家尽可能将问题具体化，这样将便于写出更加具体的答案**。

下面让我们来比较一下问题A和问题B。

> 问题A　拉面汤头的味道和口感怎么样呀？
> 问题B　拉面怎么样呀？

问题A具体问到了"汤头的味道和口感"，这样的提问方式更有助于对方回答出真实的感受。

而问题B呢？我想，它笼统的提问方式可能会让很多人不知如何作答。或许你觉得反正是向自己提问，笼统一点也无所谓，但如果是陌生人这样问你呢？估计你只能答上一句"很好吃"，然后回答就此结束吧。而无法深入话题也就难以获得有趣的素材，难以写出吸引人的文章。

提问的水平决定了答案的品质。

笼统的问题只能得到笼统的回答，而具体的问题则能获得具体的答复。想要写出引起读者共鸣的好文章，**首先请将问题具体化**。

"7W3H" 让你不再为提问发愁

话说,"不擅长提问"的人有必要事先增加自己的"问题储备",而下方的"7W3H"就基本涵盖了所有的提问方式。

7W3H

Who(由谁/负责,分担,主体)
What(何物/目的,目标,内容)
When(何时/期限,时期,日程,时间)
Where(何地/场所,目的地)
Why(为什么/理由,依据)
Whom(对谁/对象)
Which(哪一个/选择)
How(如何做/方法,手段)
How many(多少/数量)
How much(多少钱/金额,费用)

当你不知该如何提问时,不妨参考上方的"7W3H"。**用"7W3H"增加了问题储备,自然也就能获得写作所需的素材。**

受读者欢迎的文章不能缺少"Why（为什么）"

在刚才介绍的7W3H里，"Why（为什么）"是最能派上用场的，因为"Why（为什么）"是直击理由、依据以及动机等的问题，让我们能在回答问题中**把握事物的本质**。可以说，它正是"铲子问题"的代表。

比如，我们可以像下面这样提问。

问题1　你<u>为什么</u>想搬家？
问题2　你<u>为什么</u>喜欢科幻小说？
问题3　你<u>为什么</u>喜欢秋天？
问题4　你<u>为什么</u>想潜水？
问题5　你<u>为什么</u>选那个工作？
问题6　你<u>为什么</u>喜欢白色的衣服？

通过回答各种各样的"为什么"，我们更容易弄清事物的本质。这不也正是读者最感兴趣的地方吗？

接下来就让我们用"Why（为什么）"来拓展一下写作素材吧。假设你正考虑跳槽，你希望能在博客上收集到有关跳槽的信息。那么，写博客时你会向自己提出什么样的问题呢？

> **自问1** 你为什么想跳槽？
> **自答1** 因为跳槽会涨工资。
> **自问2** 你为什么希望涨工资？
> **自答2** 因为两个孩子的教育费用高。
> **自问3** 你为什么舍得在教育上花钱？
> **自答3** 因为优质的教育能让孩子在未来有更多的选择。

以"跳槽"为题写文章时，仅一个"想要高薪"的理由是不够的，还需要加入与核心理由相关的信息。

于是，在用"为什么"进行深入剖析的过程中，我们又进一步了解到作者是想让孩子在未来有更多的选择。

我们再来看一个例子。

假设你喜欢水族馆，并想在博客上写篇介绍水族馆魅力的博文，那么你会提哪些问题呢？请用"Why（为什么）"来提问。

> **自问4** 你对什么感兴趣？
> **自答4** 我喜欢去水族馆。
> **自问5** 为什么喜欢去水族馆呢？
> **自答5** 因为我喜欢看成群的鱼儿在水里漫游的样子。
> **自问6** 为什么喜欢看成群的鱼儿在水里游呢？
> **自答6** 因为我觉得鱼儿们有纪律、有组织的优雅姿态特别帅。我常常会感动到忘记时间。

也许有人会觉得"喜欢看成群的鱼儿在水里游,这个理由好奇怪"。但不管别人怎么想,这就是作者的理由。我们甚至可以说,**越是看似奇怪的事情越有写作价值,因为这正是作者与众不同之处。**

而这些与众不同都会在文章里如实地表现出来。

文章1

我喜欢去水族馆。

文章2

我喜欢看成群的鱼儿在水里漫游的样子。鱼儿们有规律、有组织的优雅姿态甚至会让人觉得"它们一定是为了这一天练习了很久吧",我常常被它们感动,看着看着就忘记了时间。

感觉怎么样?进一步拓展话题后,写出来的文章2更能引起读者的共鸣。同时,越是观点独到的文章越能抓住读者的心。

自问自答时我们无须在意别人的看法,类似"这样说会不会很奇怪?"的担忧是完全不需要的。

设定好问题后,**请如实地写下自己的想法。**如此反复,便能写出充满新意的、扣人心弦的文章。

用"How（怎么）"引出读者喜欢的信息

"How（怎么）"常用于引出手段和方法，它同样也是拓展话题的有效提问方式。**一篇言及手段和方法的文章会让读者获益匪浅。**

问题1　那道菜<u>怎么</u>做呀？
问题2　创业应该<u>怎么</u>准备呢？
问题3　你平时<u>怎么</u>学习？
问题4　去那边应该<u>怎么</u>走呢？
问题5　应该<u>怎么</u>解决那个问题呢？

接下来就让我们来看看具体的例子吧。

假设决定减肥的你通过调节饮食，两周内成功减掉两公斤。为此你特别高兴，想记录下减肥成功的喜悦。那么，执笔之前你会问自己什么样的问题呢？以下是参考答案。

自问1	最近有什么让你高兴的事吗？
自答1	两周减掉两公斤这件事让我很高兴。
自问2	你用什么方法减肥成功的呀？
自答2	我早中晚三顿都以卷心菜汤为主，尽量少吃白米饭和炒菜。

"两周减掉两公斤"应该是很多人感兴趣的话题，而下方的文章1却只陈述了减肥成功的事实，难免让读者意犹未尽，因为他们最想知道的是文章1里并没有提及的减肥方法。如果文章提到了"我是如何瘦下来的"，那么读者应该会感到更加满足（在很大程度上）。

文章1

我在两周内成功减掉两公斤。

文章2

靠着以卷心菜汤为主的蔬菜餐，我在两周内成功减掉了两公斤体重。这段时间，我的三餐基本以蔬菜为主，并且尽量少吃白米饭和炒菜。

现在你应该能理解为什么我会说文章2才能满足读者吧。当读者对"减肥方法""预约方法""购买步骤"等方法和手段感兴趣时，请用"How（怎样）"来引出这些必要的信息。

认真收集"内部信息"和"外部信息"

"能提出问题,却写不出合适的回答。"这个时候该怎么办?

或许,你的困扰只是源自不知道什么样的回答适合写作罢了。而一旦弄清楚了回答的种类,一切也就变得简单多了。

用于回答的信息大致可分为两类,一类是与自身相关的**"内部信息"**,另一类则是自身以外的**"外部信息"**。

内部信息指的是:

- 自己的想法
- 自己的情感
- 自己的发现
- 自己的感觉
- 自己的意见
- 自己的主张
- 自己的创新
- 自己的体验
- 自己的价值观
- 自己的信念

外部信息指的是：

- 媒体信息（书，杂志，互联网信息）
- 场地信息（去现场收集信息，包括五官感受）
- 相关人员持有的信息（朋友以及相关专业人士等持有的信息）
- 通过行动收集来的信息（研究，实验，调查结果）

所谓的"内部信息"指的是自己发出的信息，它是通过自我剖析得来的，包括自己的感情和想法等。

比如，用语言表达吃到拉面时的喜悦、工作失败时的懊悔、从书或杂志收获的惊喜等。

或许用一句"我不太清楚""很有意思"来表达这些情感会更为简单，但你的写作能力就不会得到提高。**因为从正视自己的那一刻起，写作就已经开始了。**

我们再来看一看下面这段文章。

文章

> 虽然失误的瞬间会非常懊悔，但不知为何，几分钟后却豁然开朗，并且暗下决心"下次一定要加油"。

文章描述了作者复杂的心情变化，我们可以从字里行间感受出作者的个性和人品。每个人的内部信息都只有自己最清楚，要想更好地用文字表达自己,就应该经常自我剖析,并习惯性地记录下生活中的点滴感悟。

同时,"外部信息"也是自答环节中不可或缺的。比如,当你想写有关马拉松的文章时,如果手头没有足够的写作素材,那就需要从外部输入。

- 阅读相关书籍或杂志
- 看相关新闻报道
- 确认网络信息
- 听从专业人士的建议

以上是几种输入外部信息的方法。

如果仅靠手头上为数不多的信息写作,那么写出来的文章难免"肤浅""错误多",而自问自答是建立于通过各种渠道获得有效信息的基础之上的。

通过收集大量的"外部信息",作者自然会产生对马拉松的独到见解,**因为"外部信息"的增加也能促使"内部信息"的生成和增长。**

填好九宫格
就开始动笔吧

通过自问自答填好九宫格后,现在总算可以开始写作了。

那就让我们以"最推荐的拉面"为题,试着用收集到的信息写一篇文章吧。

让我们重新回顾一下第22页表格1-2的信息。

自答1　豚骨汤面
自答2　饭田桥的"小丸子拉面店"
自答3　和同事小林、佐藤
自答4　汤头偏茶色,配菜多到看不见面条。碗里升起的阵阵热气让人垂涎欲滴
自答5　虽然它属于浓稠的豚骨鱼介系汤头,但吃起来比预想的要清淡
自答6　豆芽菜、叉烧肉、溏心蛋,柚子胡椒是点睛之笔。
自答7　面是略粗的卷面,很有嚼劲,入口存在感十足;装饰用的配菜是紫菜味的绿紫苏,非常加分
自答8　第3位
自答9　我应该每周都想去吃一次,这家店我给95分

这些信息大致可分为两类,分别是**"事实"**和**"感受"**。

那么，哪些属于事实呢？我想应该是自答1，2，3，6，其他则为"感受"。写作时要尽量注意"事实"和"感受"的搭配。

文章1

今天中午和公司同事小林、佐藤一起去饭田桥的"小丸子拉面店"吃了豚骨汤面。多得冒尖的配菜遮住了拉面本身，但茶色的汤底和热气腾腾的配菜十分诱人。这家店属于豚骨鱼介系，因此汤头相对浓稠。但只要你喝上一口汤，便会惊喜地发现汤头比你想象的要清淡得多。配菜是大块的叉烧搭配软糯的溏心蛋，柚子胡椒更是点睛之笔。筋道Q弹的中卷面不仅有嚼头，入口更是存在感十足。对了，还有作为配料的青紫苏，它的紫菜香和独特调味都相当的赞。在目前吃过的拉面里，这家可以排在第3位。如果要打分的话，我会给它95分。可以的话，我想一周去吃一次。

以上就是用九宫格里的信息所写的文章。这甚至不能称之为"写"，不过是将手里的信息排列出来而已。可见，**只要做好了自问自答，写文章便是水到渠成。**

热情写作，冷静修改

正如上一篇里的文章1，**写作时要有意识地将所有的信息都写出来**，我称之为**"热情地"写作**。这个阶段不必追求完美，只需注意以下两点。

① 没有漏写信息
② 一气呵成

①中的"没有漏写信息"是指尽可能地把自问自答所引出的信息写入文章里。当然，如果在写作过程中也进行了自问自答，那就应该及时地将新信息补充到文章里。

可是若把所有信息都加入其中，文章则易变得冗长。并且，笔者的想法越多，这个问题则会越突出。

因此，**文章写好后一定要再次检查，并且进行"推敲（斟酌）→ 修改"**。我把这个过程叫作**"冷静地"修改**。这是写作不可或缺的环节，而"冷静地"修改时需要注意以下两点。

① 删除可有可无的信息
② 理顺文章章节

下面的文章2是对第36页文章1的"冷静"修改。

文章2

> 今天和公司同事一起3个人去吃了豚骨汤面,这家店是位于饭田桥的"小丸子拉面"。汤头属于豚骨鱼介系,尽管看上去有些浓稠,但味道却意外的清淡。大块的叉烧配上软糯的溏心蛋,再加上点睛之笔的柚子胡椒,味道实在好极了。筋道Q弹的中等粗卷面不仅有嚼头,入口更是存在感十足。这家面可以排入我心目中的拉面榜前三名。如果需要给它打分,我给95分。今后希望一周能过来吃一次。

只要舍掉文章中的多余信息,并优化表达方式,就能写出言之有物的好文章。

如果你在"冷静"修改时觉得"添加这样的信息可能更好",或是意识到"信息不足",请随机应变地将其补全。并且,"冷静"修改时最好保持**"删除多余信息:补充不足信息=7:3"**的意识,这是一个黄金比例。如果在"热情"写作阶段做得很不错,那就无须补充太多内容。

① 自问自答
② 热情地写下自问自答时所收集的信息
③ 为了雕琢文章而"冷静地"修改

按部就班完成这三个步骤是写作的重要原则，而"①自问自答"则是打开写作大门的一把钥匙。若想提高文章品质，请务必围绕题目，准确且具体地进行自问自答。

做好自问自答，写出"受读者欢迎的文章"

虽然我们已经讲完了文章的写作流程，但如果自问自答没做好，之后的写作只会困难重重。

我们常说巧妇难为无米之炊，写作也是如此，**没有素材便写不出文章**。所以我们在回答问题时，一定要**力求"更准确""更具体"**。甚至有些文章类型需要我们做出"更深刻"的回答。

而大多不习惯自问自答的人，回答都较为"肤浅"。下面是某人在吃完人气薄煎饼后所写的自问自答。

> **自问1** 觉得薄煎饼的味道如何？
> **自答1** 很好吃。

这样的回答或许可以应对街头采访，却不适合作为"阅读文章"的写作素材，这样最终能写出来的不过是"薄煎饼很好吃"。而这样的文章实在太多，很难引起读者的注意。

一般来说，越有名的店，读者越想知道（读到）它究竟有多好吃。回答问题时，我们不妨站在读者的立场，以五感描述为主。那么，你觉得下面这个回答怎么样？

> **自问2** 你觉得薄煎饼味道怎么样？
> **自答2** 简直好吃到惊掉下巴！这家店的薄煎饼和家里做的完全不同，口感像棉花糖一样松软，入口即化。

相比之前的自答1，自答2里有关口感等的具体描述将更有利于写出一篇好文章。

而对于实在不知如何回答的问题，我们还可以寻求别人的帮助。比如，"试着问朋友同样的问题""去书本或网络上寻找答案""自己调查"等。

如果是以薄煎饼为题，不妨去店里看看菜单，上面应该会有对写作有益的信息，我们甚至可以在这家店的官网上检索有关店长的薄煎饼情怀的文章，以及这家店的独家配方。

只有做个有心人，时刻注意收集信息，才能提高自问自答的能力（写作能力）。

接下来我们再看一组自问自答的例子。

> **自问3** 你觉得药膳咖喱有效果吗？
> **自答3** 我才吃了一餐，还没有特别的感觉。

如果是面对面的聊天，坦诚自己的想法是没有问题的，或许药膳确实需要长期服用才会显现效果，但自答3并不适合作为写作素材，它缺少读者想要知道的信息。因此，我更建议写写吃完药膳咖喱后的感受。

即便只是从"吃完后身体是否有变化""店家是否有强调某种功效"等角度考虑，都能收集很多信息。

以下是别人所写的自问自答内容。

> **自问4** 你觉得药膳咖喱有效果吗？
> **自答4** 感觉是有效果的。我吃完不到一分钟身体就开始发热出汗，而且一直觉得暖暖的。菜单上也介绍了它有"促进血液循环""抗氧化""杀菌""促进消化"等功效。它很适合我这种畏寒体质的人。

自答4中，作者不仅注意到了身体的变化，还用菜单上关于"药膳咖喱的介绍"做了补充说明。

虽然我们很难定论"出汗、身体变暖"是药膳的功效，但至少可以由此开启"促进血液循环"这一话题。

在这里再次强调一下，在自问自答环节，我们必须有意识地、积极主动地去收集信息，这一点很重要。并且，**自身经验是收集信息的一个重要渠道**，毕竟对生活的点滴感悟本就是重要的信息收集。

第 2 章

用"九宫格信息收集法"
收集高品质的写作素材

将收集的信息内化为自己的东西

第1章介绍了通过自问自答获得信息的重要性。

要想写出受读者欢迎、有魅力的文章,平时就要养成有效收集信息的习惯。

悠然度日未免太浪费光阴,我们应该做个生活中的有心人,通过各种方式将有用的信息输入并储存到大脑中。

正如很少有人记得"两周前的中午吃了什么",人的大脑是具备"忘却"功能的。据说我们的大脑每秒会接收40亿比特信息,但最终只有2000比特左右能被有意识地处理,其数量仅相当于总数的0.000005%。如果想让这些信息内化为自己的东西,**我们唯有改变自己的思维方式。**

本章将介绍**高效收集和输出写作所需信息(素材)**的方法。

填表就能获得所需信息的"九宫格信息收集法"

我要向想要收集信息的你推荐**"九宫格信息收集法"**。"九宫格"就好比接收信息的天线,你只需把想要的信息填入其中,**与之相关的信息便会一个接一个地被全部接收**。

在我的写作课上,我常让学生们玩一个叫"找颜色"的简单游戏。

游戏开始前我会给大家发出指示:"请找出房间内一共有多少处红色,限时20秒,预备开始!"于是学生们开始环视整个房间,随即有人找到10处,有人找到20处,甚至还有人找到30处。

接着我会问其中一位发现很多处的同学:"那么,有几处蓝色呢?"这确实是一个不怀好意的问题(笑)。而那位同学一般会回答:"不知道/没看到/没注意看蓝色。"

这就是人类大脑的处理方式。

按理说,同学们环视教室时,蓝色肯定也会进入他们的视野,但因为他们的关注点不是蓝色,也就不会获得(没能获得)任何有关蓝色的信息。关于这一现象,我们可以用脑科学上的"网状活化系统

（RAS）"①理论，或是心理学上的"色彩浴（colorbath）效应"②对其进行说明。

简单来说就是，人的大脑只会读取"自己在意的信息"，所以即便大家在同样的地方看着同样的风景，每个人所获得的信息也会全然不同。

对美食感兴趣的人之所以随便走走就能找到好吃的店，是因为他们的"觅食雷达"时刻都在搜寻着美食；而想养狗的人则比较关注在路边散步的狗，也容易被宠物商店的橱窗吸引住目光。他们会感慨："这只小泰迪真可爱，应该5岁了吧？"

相反，对美食不感兴趣的人则容易与美味失之交臂，对狗不感兴趣的人甚至不会注意到身边那只路过的狗（也就是说他根本意识不到）。说得极端一点，我们虽然身处同一个时空，却如同生活在不同的世界里。

"九宫格信息收集法"就好似装在大脑里、为了收集所需信息而存在的天线，在填写表格时天线就已经开始接收信号了。虽然只要填写表格就能得到想要的信息，但如果你再口头复述，或是重复多读几遍自己所写的内容，天线信号就会变得更强。

---

① 网状活化系统：脑干腹侧中心部分神经细胞和神经纤维相混杂的结构。网状结构是脑部的一个区域，位于脑干的神经元网络，专门控制睡眠和清醒。网状结构高度活化时，造成清醒，反之则陷入沉睡。——译者注
② 色彩浴效应：基于自己所想的内容，带有倾向性地收集相关信息。——编者注

一篇好文章
百分百靠准备

假设下周你要出国旅游,并打算回国后将这次的旅途见闻写成游记,发表到自己的"旅游博客"上(目标读者是对外国文化感兴趣的人)。

但如果空手前往,只怕回国后会不知如何下笔,只能一件件追溯回忆,最终写出来的不过只是"这次旅行好开心"之类的感想。

这样的话,即便你费尽心力,且花费大量的时间,也无法写出如你所愿的精彩游记。

相反,如果出发前你早已用"九宫格信息收集法"设置好了"天线",那么写一篇游记简直是信手拈来。

这里的"设置天线"是指分解标题。

你不妨问问自己"这次出国旅行能分解成哪些主题",也不妨再设想一下"读者最想知道哪些有关出国旅行的话题"。

至于九宫格的用法则非常简单:**首先在正中央的单元格内填入标题(这次是国外旅行),然后在周围的8个单元格内分别填入与标题相关的主题。**

表格2-1　九宫格信息收集法　题目：国外旅行

❶ 历史 （名胜古迹・世界遗产）	❷ 饮食文化 （土特产）	❸ 文化 （社会文化）
❹ 人种・民族 （语言・价值观・宗教）	题目 **国外旅行**	❺ 政治・经济 （效益・物价・治安）
❻ 工作方式 （工作模式・从商习惯）	❼ 生活方式 （生活习惯・家庭・教育）	❽ 自然 （大海・山川・河流・大地・动植物・天气・天灾）

　　上面的表格2-1是以"国外旅行"为题制作的九宫格。像这样，在出发前设置好话题天线是非常重要的。有了它，旅途中所能获得的信息量将大幅增加。恐怕从抵达目的地的那一刻起，哦不对，应该是早在出发前，它就已经在不断吸收与话题①~⑧相关的信息了。

　　虽然我用了"吸收"这个词，但是这股将信息吸引过来的"吸引力"正是来自于作者的意识。正如我之前所说，人的大脑只会对自己有意识的事物感兴趣。

　　还有，**"九宫格信息收集法"会提升人的行动力**。"多逛几家店铺，感受当地物价""观察当地人的工作方式""和的士司机聊聊当地的生活方式""在网上查看该国历史以及旅游景点等""透过公交车或电车的窗户,眺望当地的自然风光(大海,山川,河流等)""留意本地人的服饰和住房情况等""去本地人常去的餐厅吃饭"等,这些平时容易忽略的地方,因为事先被写入了九宫格里,所以相关的信息也就通通被吸收过来了。

并且,不仅要把信息写出来,还应该在旅途中**反复回顾九宫格的内容,这将会使天线的敏感度进一步提高**。等到旅行结束的那天,你会收集到数目庞大的写作素材。

可想而知,一定有人忍不住"这也想写,那也想写",甚至有人在回国前就迫不及待地想要开始写游记了。

人们只要收集到了信息,便会不由自主地想要表达。即便累得不行,蠢蠢欲动的内心也会让你的手情不自禁地动起来。难道你不觉得这样也很不错吗?

用"1个主题×9个单元格"拓展更深层的信息

如果是简单的报告,一个九宫格便能轻松搞定,但如果是更详尽的报告或专业论文,那就有必要为此收集更为详细的信息。

因此,对于需要深入了解的主题,我们可以用**"九宫格信息收集法"**进一步收集更多的信息。

那么,如果想就此次旅行在博客上写一篇侧重于"文化"的游记,我们应该如何分解这个主题呢?

下页的表格2-2是以"国外旅行九宫格"(表格2-1)里的主题③"文化"作为标题制作的九宫格。于是,我们就能收集到很多与表格相关的信息。

当然,如果比起表格2-1里的主题③"文化",你更想重点论述主题⑥"工作方式",那么也可以将"工作方式"作为标题填入中心单元格,然后在四周的单元格内填入相关主题。

像这样,只要有想要深入拓展的题目,不妨灵活运用"九宫格信息收集法",在九宫格内写下更多有利于写作的信息。一旦写下来,就相当于在大脑里安装了收集信息的天线。

表格2-2　九宫格信息收集法　题目：文化

❶ 工艺	❷ 电影·音乐	❸ 时尚
❹ 艺术·美术	题目 **文化**	❺ 互联网·社交媒体
❻ 游戏	❼ 运动	❽ 书·漫画

顺便说一下，如果想写一本游记，仅凭最初填入九宫格的①~⑧是不够的。我们需要分别以①~⑧为标题，进一步设置天线，这样就相当于设置了8×8、合计64条天线。

试问，一个是完全不做计划的人，一个是为了写游记事先设置64条天线的人，你认为谁写的游记会更加精彩呢？我想答案是不言而喻的吧。

出发前预留出做笔记的空间

既然用"九宫格信息收集法"设置好了天线,就应该让它们最大限度地发挥作用,然而应该如何收集信息呢?这个技术成了活用天线的关键。

说是技术,却并不高深。"收集信息=记录信息",其实就是逐条记录当下收集的信息,也包括感受和发现。

为了方便记录,不妨像表格2-2那样,在每个九宫格内预留出做笔记的空间。前面的表格2-2是我去上海出差前做好的九宫格,而下页的表格2-3则是在上海收集了信息后重新填写的九宫格。

笔记做得越细致,关于那个国家文化方面的信息便越详细(最新最有用)。

也许有人会说"我想写一篇专业文章,9个单元格根本不够,需要更多的格子"。那么,你完全不必拘泥于9格,可以根据自身需要来设定单元格的数目,增设为12格、16格都没有问题。

表格2-3 在当地将收集到的信息和自己的感受填入表格

❶ 工艺	❷ 电影 音乐	❸ 时尚
• 把蓝染布加工成杂货和礼服 • 中国茶器（各种各样的茶杯） • 中国风（特别是瓷器）	• 受大众欢迎的中国电影从历史剧到现代剧，时代跨度非常广 • 在当地听得比较多的是G.E.M（邓紫棋）、那英等国内歌手的歌曲	• 20岁到30岁之间的女性流行时尚和日本差不多 • 或许是因为崇尚自然，当地人基本不化妆

❹ 艺术 美术	题目 **文化**	❺ 互联网·网络社交媒体
• 中国现代艺术非常活跃 • 受欢迎的艺术家有卢杨[①]、徐震[②]等 • 以shanghART Gallery[③]为首的新进画廊也备受瞩目		• 网络检索精度很低 • 微博和微信很受欢迎 • 音频应用程序"喜马拉雅"也很受欢迎 • 当地使用谷歌、脸书、推特很不方便

❻ 游戏	❼ 运动	❽ 书·漫画
• 每年7月在上海举办的"ChinaJoy"备受瞩目，它是目前中国规模最大的游戏展会 • 手机游戏的受欢迎度不断攀升，用户人数已经超过了电脑游戏用户	• 除了全民热衷的乒乓球，近年足球和篮球也越来越受大众欢迎	• 不仅有中国本土的漫画作品，《火影忍者》《海贼王》《银魂》等日本作品也很受欢迎 • 书的方面，除了国内外的小说，实用书和自我启发类书籍的读者也在不断增加

---

① 北京京剧院程派青衣演员，著名京剧表演艺术家李世济的关门弟子。——编者注
② 当代艺术家，毕业于上海工艺美校。——译者注
③ 上海香格纳画廊。——编者注

"九宫格信息收集法"同样适用于商务场合

"九宫格信息收集法"同样适用于商务场合。

比如,视察完公司新店铺,你需要向上司提交一份视察报告。不做任何准备便去视察和用九宫格信息收集法设置好"天线"再去视察,二者收集的信息量将是天壤之别。

那么,上司最想知道的是什么呢?我们可以以人、物、钱这三点为主线填写一份九宫格。

下页的表格2-4是一份填写示范。

如果能像表格2-4这样预先设置好"天线",视察时获得的信息便会大不相同。譬如,因为早已计划好要留意招牌·外观·装潢(天线③),所以一到店铺马上就能收集到入口处的信息。通过细致的观察,你会发现其中的问题,或者想到一些改善问题的方法,如"店铺招牌很难懂""可以在画夹上放块小黑板,将推荐商品写在小黑板上""在入口处设置花车,将打折商品放入花车销售"。

另外,一说到视察店铺,大家往往会把关注点放在销售额和利润上。但是,如果预设了"员工"这个天线,你便会有意识地收集有关

表格2-4　九宫格信息收集法　题目：新店视察

❶ 工作人员 （临时工·交流沟通·工作积极性）	❷ 成本 （进货成本·员工培训成本）	❸ 招牌·外观·装潢
❹ 客流量·进店率	题目 **新店视察**	❺ 商品种类&样品
❻ 营业额·盈利·平均购买额	❼ 待客技能 （关系维护·销售·待客态度）	❽ 客户管理·投诉处理

员工的信息，比如"员工之间的沟通是否顺畅""员工和店长是否相互信任""员工的精神状态是否良好""员工都有哪些烦恼"，等等。说不定，在分析和解决员工问题时，你会想出提高销售额和利润的好点子。

当然，表格2-4只是一个参考示例。你可以优先为自己最想收集的信息设置天线，譬如，"去往店铺的交通工具""发挥店铺官网和网络社交媒体的作用""广告·传单""积分卡""宣传活动"，等等。**设置的天线越多，看问题的角度也会越多，获得的信息数量和质量也会发生变化。**

随时随地做笔记，想要的信息便会纷至沓来

在目的地设置好了收集信息用的天线，接下来便可以行动了。

请尽量记录下在目的地的所见所闻，正如我之前所说"人总是健忘的"，所以为了方便起见，不妨将事先设置好的天线写在本子上。

如前文表格2-4所示，事先在笔记本上画一个留有笔记空间的九宫格，不断将笔记填入表格的习惯不仅有利于对信息的记忆，也便于日后对信息的提取。

下页的表格2-5是在目的地填写的九宫格，里面不仅有数据，还有相关人员的意见、自己在意的地方等。**及时记录下自己的发现和想法有助于写出高质量的报告。**

还有一点，我想不用我说你也明白，如果被九宫格信息收集法所写出的项目局限了思路，那就是本末倒置了。因为在有些忘了设置，或是特意没设置的天线里反倒会有非常重要的信息。

所以，即使和已经设好的天线无关，只要是可能成为写作素材的，就要记录下来。

只要提高写作素材的质量和数量，文章的品质就会提高。

表格2-5　在目的地将问题点等填入表格

❶ 工作人员（临时工・交流沟通・积极性）	❷ 成本（进货成本・员工培训成本）	❸ 招牌・外观・装潢
• 也许是因为人手不够，对临时工的培训并不符合公司规定 • 正式员工和临时工间缺乏沟通	• 没有问题	• 收银台附近堆放着不要的纸箱，影响店内美观 • 可能是为了调节店内气氛，但店里的光线确实有点暗
❹ 客流量・进店率	**题目** **新店视察**	❺ 商品种类&样品
• 没有在"如何提高平日的进店率"上下功夫		• 看不出货架摆设的意图，很难引起客人逛店的兴趣 • 店前广告和卖点海报太少
❻ 营业额・盈利・平均购买额	❼ 待客技能（关系维护・销售・待客态度）	❽ 客户管理・投诉处理
• 工作日，特别是上午到下午四点的营业额低于所有店铺的平均营业额 • 对比来店率	• 年轻员工和临时工待客不娴熟（打招呼、搭话、送客等） • 不善于通过聊天引出客户的烦恼	• 发放积分卡时没有获取客户信息 • 和其他店铺一样，需要通过QR登录Line

第3章

用"礼物"意识推敲文章

什么样的文章算是"好文章"?

收集好素材,终于可以写文章了。

但是请稍等,在写之前还有一点需要确认,那就是"什么是好文章"。

经常听到"想写出好文章"的声音,但究竟"好文章"的标准是什么?这恐怕就是仁者见仁智者见智了。在我看来,**所谓的"好文章"就是"达成目的的文章"**。除了私密的日记,以及为了自我满足的文字表达,写作这个行为一般都是带有目的的,比如下面这些例子。

- 企划书的目的 → 企划被采用
- 工作邮件的目的 → 得到对方爽快的答复
- 商品传单的目的 → 让客人购买商品
- 食谱的目的 → 指导读者做出佳肴
- 减肥书籍的目的 → 指导读者减肥成功

那么,和朋友聊天的目的又是什么?这要视具体情况而定。有的人是为了"和对方建立关系",有的人则是为了"正确传递信息",当然还有"互诉衷肠,为某些事做了结的""为了鼓励对方的""为了获得对方帮助的""为了求得对方原谅的",等等。

不论花费了多少时间和精力,也不论使用了多么华丽的辞藻,**没有达成目的的文章就算不上好文章**。

本章就将为大家讲解如何写出达成目的的"好文章"。

写文章时是否有送人礼物的意识？

话说，为了达成写作目的，我们需要注意些什么呢？我提倡的是写作时要有"送给读者一份礼物"的意识。

也就是说，**文章=送给读者的礼物**。

送人礼物时，你应该会考虑对方的喜好吧。譬如，"是送束花好呢，还是送点吃的好呢？或许小物件也不错？又或者他更喜欢电影票或舞台剧的入场券？"等。

写作也是如此。

如果有人喜欢你的文章，你的写作目的就更容易达成。

反之，如果"读者不喜欢你的文章""你的文章对读者没有用处""文章里尽是对读者来说无关紧要的内容"，那恐怕就很难达成目的了。

文章中的礼物指的是**文章内容对读者来说是"有用的""有利的""让人开心的""有助于成长的""让人幸福的""能丰富人生的"，等等**。如果能把这些内容写入文章，那就很容易达成目的，就算得上是"好文章"。

用"九宫格"筛选出"礼物"的素材

那么,到底如何往文章里加入"礼物"呢?

在探讨这个问题前,请先读下面这段文章,这是某公司的营销人员为了约A公司负责人见面所写的邮件。

文章1

> 写这封邮件是想为您推荐我司开发的营业支持云系统"Manemode"。
> 该产品是由我司的优秀程序员经过反复测试所开发的一款工具。
> 它是一款非常成熟的产品,真心希望您会对我们的产品感兴趣。

这封邮件包含了多少"礼物"呢?很遗憾,它从头到尾都只在宣传自己公司的产品,没有提及任何给A公司的好处(礼物)。这样的邮件难免给人一种"王婆卖瓜,自卖自夸"的印象。

即便产品符合客户需求,但这封邮件并没有传达出产品的魅力。除非是老主顾,否则仅凭这样一封邮件是很难约到对方的。

为了不重蹈文章1的覆辙,下面我们用九宫格来练练手,看它究竟能为对方带来什么样的"礼物"。

表格3-1　题目：营销预约邮件

❶ 营销人员的工作效率平均提高20%	❷ 可以通过云端对日报进行管理，并随时掌握部下的营业状况	❸ 营销人员可以统一管理日程和顾客信息
❹ 不再需要召开无用的营销会议	题目 营销预约邮件	❺ 与电脑、智能手机、平板电脑互联
❻ 简化营销人员的工作交接步骤	❼ 有一个月的免费试用期	❽ 询问对方方便的日期和地点

首先，我把可能引起对方兴趣的内容填入了表格3-1，其中包括产品能带给对方（A公司或A公司负责人）的好处。

①~⑥是产品能带给对方的好处，⑦是免费试用服务，⑧是邀约对方时的礼貌用语。

接下来，我们就以九宫格筛选出的"礼物"为素材来写邮件吧，在此省略"承蒙关照"之类的问候语和句末的签名。

> **文章2**
>
> 　　之所以给您发这封邮件是想向您介绍一款我司开发的营业支持云系统"Manemode",本系统可在云端统一管理营业员的日程和顾客信息。并且它还具有以下优势:
> 　　① 可以与电脑、智能手机、平板电脑互联
> 　　② 能提高营业员的业务效率(平均提高20%)
> 　　③ 上司能实时了解部下的营业状况
> 　　④ 可以缩短或避免效率低下的营销会议
> 　　⑤ 能简化营业负责人的工作交接
> 　　另外,为了让您更好地体验产品的操作系统和效果,我们会为您提供为期一个月的免费试用期。
> 　　希望您能给我一次机会,让我当面为您介绍这套云系统。
> 　　○○先生/女士,希望在您方便的时候我可以去贵公司拜访。
> 　　还请多多考虑。

　　文章2短小精练地总结了产品优点,让"礼物"清晰明了。因为"礼物"数目颇多,对方不得不仔细查阅邮件,并在看邮件的过程中斟酌:"这个系统将给我们公司带来很多好处!""不听一下他的介绍或许是一种损失?""还是和他见一次面吧!"就这样,使用九宫格的邮件和不使用九宫格的邮件,各中优劣一目了然。

　　如果提笔就写,写出来的文章很可能要点不全,或是最终变成乱写一气。

　　所以写作之前**一定要考虑好"自己现在想做的事能带给对方什么好处"**。不要在这个部分吝啬时间,**因为所有的努力都不会白费,付**

出总有回报。

最终，这样写出来的邮件一定能帮你约到对方，并让对方购买你的产品。又或者，通过九宫格写出的文章能助你"增加社交平台的关注人数""顺利开展业务"。请从今天开始有意识地实践这个方法吧！

文章读者 = 目标读者

我们应当以送人礼物的心情来写文章,因此,下笔前必须**明确文章的目标读者**,这是写作的一大前提。

或许你会觉得"如果只是把写作当成个人爱好,就不必考虑这些了吧",生活中也确实有不少人,他们从没设想过文章写给谁看这个问题,而是先写出来再说。

但即便只是个人爱好,**如果读者定位不明确,好不容易写好的文章很可能就会得不到读者的关注和反馈**。就好像之前介绍的那封营销邮件,它仅仅是介绍了产品却没能达成营销的目的。

在不确定对方是谁的情况下是无法送给对方恰当的"礼物"的。所以,要想送出令读者满意的"礼物",首先必须明确目标读者。

假设你想以"美食"为题写一篇博文,那么,哪些人会是这篇文章的读者呢?

话说,"美食"这个定义也会因个人的喜好不同而千差万别。

目标读者

- 走遍全球米其林三星餐厅的人
- 喜欢打卡网红店铺的人
- 非常喜欢家乡美食的人
- 有机食品爱好者
- 低热量食品爱好者
- 垃圾食品爱好者
- 喜欢甜品的女生
- 喜欢居酒屋的人
- 世间珍奇美味爱好者

除此以外，我们还可以按国家或地域来设定目标读者，比如："喜欢日本菜的人""喜欢法国菜的人"；又或者按食物种类设定，比如："喜欢薄煎饼的人""喜欢拉面的人"。

喜欢拉面的人可能不会对《隐蔽的印度菜名店》感兴趣，但却会认真阅读《奢侈的野猪肉拉面》这篇文章。

像这样，光一个"美食"就能让我们想到各种各样的目标读者。如果将标题笼统地定为"美食"，只怕辛苦写出来的文章也不会引起读者的兴趣，或者"读者即便看了也觉得没意思"。

目标读者明确的文章更能满足读者需求，而心满意足的读者才会给出诸如"获益匪浅""谢谢分享""下次去吃吃看"的反馈。这么想来，你是不是已经摩拳擦掌、跃跃欲试了呢？

只要精准定位目标读者，就能写出让对方产生共鸣的文章——我想这才是写作的根本。

虽然有些啰唆，但还是想再重复一遍：要想满足读者需求，首先要明确目标读者。千万不要带着"这篇文章写给谁看呢？"的疑问开始写作。

预设目标读者的"理想反应"

设定好目标读者,下一步则要考虑读者的反应。

很多人写文章只考虑自己的感受,而不在意读者的反应。比如,写企划书时觉得"采不采用是对方的事,我说了不算"。

但我敢说,"这个态度写出的企划书注定不会被采用"。在涌出"采不采用是对方的事,我说了不算"这个想法的那一刻,这份企划书被采用的概率就已经大打折扣,因为你早已为自己的失败找好了借口。

无论写什么类型的文章,都要"预设读者反应"。这是达成写作目的的秘诀。

那么,我们该如何预设读者反应呢?

方法其实很简单。

比如上面的例子,我们首先要预想好"你期待对方看完后有什么反应"。

假设是你的直属领导在看企划书,你一定很期待:标题让他眼睛一亮;在看企划书期间,他都是一副摩拳擦掌、跃跃欲试的样子;他看完后非常激动地对你说"这份企划书太棒了!放手去做吧!"

- 读者看到这篇文章后会怎么说?
- 会怎么做(包括肢体动作)?

只要对这两点做了具体的设想便算合格。

我曾在第2章提过人类大脑的一个特征——"容易忘事",但它还有另一个特征——"会努力让设想变为现实"。运动员重视形象训练大概也是基于大脑的这个特征,正因为存在于大脑中的设想更容易被实现,所以,运动员才会热衷于塑造理想的形象。

写作也是如此。

如果连写企划书的本人都觉得:"不知道这份企划书能不能行……",那十有八九它是不会被采用的。同时,当你预想的状况与理想状况截然不同时,千万不要就此动笔。

如果你"预计只能收到不满的反馈",这说明你的"目标设定不准确",我们在写作时一定要敏于捕捉这个信号。

以下是针对不同类型的文章所设定的"读者(目标)反应"。

读者的理想反应

- 企划书 → 非常好的提议。请尽快推进这个项目,务必全力以赴。
- 研讨会等会议报告 → 真是获益匪浅,让你去真是太对了。
- 工作委托邮件 → 这个工作好处多多!很高兴能接到这个工作。
- 致歉邮件 → 我接受你的道歉,就当这次的事情没有发生过吧。
- 博文 → 这篇文章很有用!我要把它分享给大家!
- 宣传活动的广告(直接邮件) → 这个活动真实惠,一定要报名!
- 大学论文 → 主题和内容都无可挑剔,丰富的数据值得一读。我要举荐它参加下次的学会发表!
- 写给喜欢的人的情书 → 我也很喜欢你!

如果想让文章达成目的,不妨像上面介绍的那样,预先设定好读者的反应。**从设定好读者反应的那一刻起,变化便随之而来,文章品质便会得到大幅提高。**

把握目标读者需求的"5个问题"

明确了目标读者,接下来必须要做的是"把握读者需求"。需求一词有"欲求""要求""需要"等含义,词义抽象,不易理解,而下面介绍的5个问题将有助于更好地把握读者需求。

> 问题1　读者为了什么事烦恼?(感到为难?)
> 问题2　读者为了什么事不安?
> 问题3　读者需要什么样的信息(显在的)?
> 　　　　*显在是指有形存在的。
> 问题4　读者想要什么样的信息(潜在的)?
> 　　　　*潜在是指无形的,隐藏于内部的。
> 问题5　读者愿意为了什么花钱?愿意为它花多少钱?
> 　　　　*假设是商务场合

只要弄清楚以上问题,就能在一定程度上把握读者需求。

那么,我们具体应该怎样做呢?想象固然重要,但那并不真实,最终很可能就是"纸上谈兵"。特别是用大脑想出来的需求,它们往往是笔者的空想,并不值得相信。

最好的方法就是和读者交流。交流时千万不要摆出一副"我要做调查"的姿态，应该像和朋友聊天一样，轻松地聆听对方的心声，这样才能了解到读者的真实想法，并准确把握他们的需求。

如果实在没有接触目标读者的机会，不妨去他们可能会去的"交流网站"或者"Q&A网站"，通过网上交流的信息把握他们的需求。还有一个好方法，那就是听取常与目标读者接触的人的意见。当然，如果知道目标读者会在哪里聚集，不妨去实地探访，听听大家都在聊些什么，这样做更有助于获得真实的信息。

假设目标读者是个"喜欢小酒馆的人"，那么他会想了解哪些方面的信息呢？

小酒馆的菜单自不必说，他可能还想知道有关日本清酒、烧酒、啤酒、威士忌、红酒等各类酒的情况，以及与之相配的下酒菜。

又或者他们会想了解小酒馆的气氛和经营方式（立式居酒屋 / 独立包间 / 营业时间 / 内装风格 / 背景音乐 / 积分卡服务 / 是否可以举办年会等）。

只要明确了目标读者，并把握好他们的需求，写一篇让读者受益的文章并不是件难事。

我把本章介绍的内容总结成了一个写作金字塔（请参照表格3–2）。

再重复一遍，每个人写作都有目的，而本书所说的"好文章"指的就是很好地达成了写作目的的文章。

要想写出好文章，"**①设定好目标读者**""**②把握好目标读者的需求**"最为关键。这两点是支撑金字塔的地基，地基不稳，金字塔就会

表格3-2　好文章=达成写作目的的文章

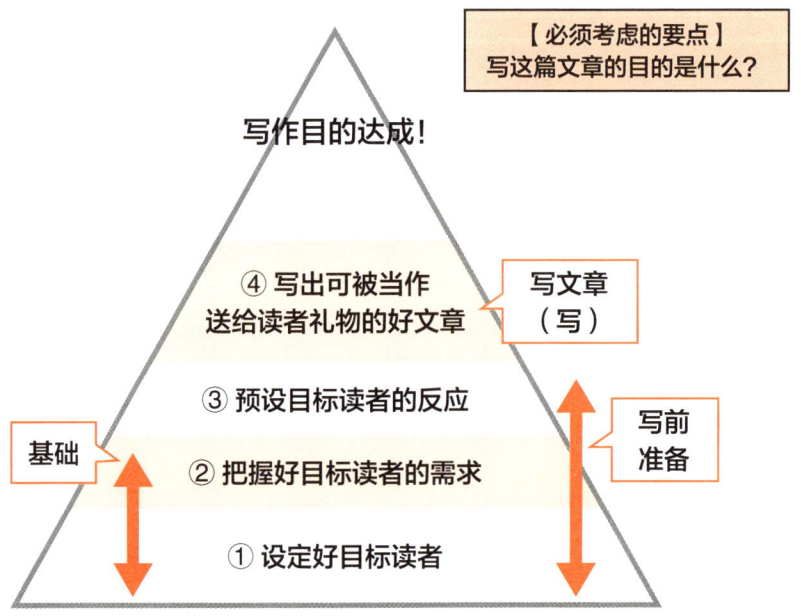

有坍塌的危险（也就是说，其成为"好文章"的概率会降低）。

其次，动笔之前一定要"③预设目标读者的反应"。只有做好这些，我们才能"④写出可被当作送给读者礼物的好文章"。如果这篇包含"礼物"的文章成功取悦了读者，那么其写作目的也算基本达成。

如果你写的文章尚未达成目的，那一定是①~④里某个环节存在不足，请参照下面的检查项目，边写边确认。

检测文章是否达成目的的确认项目

① 设定好目标读者
② 把握好目标读者的需求
- 读者为什么事情而烦恼？
- 读者为什么事情而不安？
- 读者需要什么样的信息（显在的）？
- 读者想要什么样的信息（潜在的）？
- 读者愿意为了什么花钱？愿意为它花多少钱？
③ 预设目标读者的反应
④ 写出可当作送给读者礼物的文章

以送"礼物"的心情写文章

目前为止所介绍的"设定目标读者""把握读者需求""设定理想反应",这些不仅适用于工作文书,同样也适用于其他类型的文章。

假设你想以"社交"为题写一篇博文,那么,请考虑好下面的问题后再动笔写作。

- 目标读者是谁?
- 读者需求是什么?
- 希望读者做出什么样的反应?

让我们一起来看看文章1。

文章1

我有个朋友是社交达人。
她和任何人都能成为好朋友,非常厉害。
我想她一定是掌握了某种交友诀窍!
通过对她一年多的观察,我慢慢了解了她待人接物的方式,并尝试像她那样与人相处。

> 目前感觉效果还不错！
> 虽然和她还有很大的差距，但为了提高自己的交际能力，我会继续努力！

感觉怎么样？作者虽然写到了自己的经验，却并没有什么吸引力。随着阅读的深入，读者最期待的应该是"待人接物的秘诀"，但文章从头到尾都没有提到任何有关秘诀的内容。这不仅会让读者大失所望，甚至还会引起读者抱怨"搞什么啊，真是浪费时间""再也不看这个人的博客了"。

之所以会这样，就是因为笔者写这篇文章时并没有"给读者送礼物"的意识。

如果一开始写了"一定有什么诀窍""我慢慢了解了她待人接物的方式"，那么之后没有提到任何与诀窍有关的内容是很不妥当的。

要想让读者从文章中有所收获，就应该在动笔之前用九宫格筛选好会让对方高兴的礼物元素，逐条书写也没关系。

那么文章1中的哪部分是"让读者高兴的礼物"呢？我想应该就是对"善于交际的人的特征（诀窍）"那部分的描写吧。

接下来，我们就试着在九宫格里写出善于交际的人的特征吧。下页表格3-3是示范。

当然，你不必把所有内容都写到文章里，如果篇幅短，就写最重要的，或者选几个写。如果是长文，就根据题目和文章长度来判断。

表格3-3　用九宫格筛选出读者喜欢的内容

❶ 看着对方的眼睛	❷ 面带微笑	❸ 聊天过程中频繁称呼对方的名字
❹ 在适当的时候给出回应	题目 **善于交际的人的特征**	❺ 倾听对方说话
❻ 调节自己说话的分贝和速度以配合对方	❼ 不要否认对方 （接受对方的意见）	❽ 使用对方容易理解的词语和句式 （包括动作）

我们不妨再来思考一下，用筛选好的内容（如表格3-3所示）能写出什么样的文章。下面是一篇范文。

文章2

> 我有位朋友是社交达人。
> 她和任何人都能成为好朋友，非常厉害。
> 我猜她一定是掌握了某种交友诀窍！
> 通过对她一年多的观察，我慢慢了解了她待人接物的方式，并尝试像她那样与人相处。

> 其中，最让我佩服的是她懂得倾听并乐于接受对方的意见，而从不轻易否定对方。仔细想想，应该没有人会因他人接受了自己的意见或想法而不高兴吧。
>
> 她肯定是知道这一点的。
>
> 另外，在聊天过程中她会频繁称呼对方的名字。
>
> 譬如，比起"那个饰品真漂亮"，"彩乃的那个饰品真漂亮"这种说法会更让人高兴。这些她做起来都特别自然。
>
> 还有就是，她和别人说话时总是面带微笑并正视对方，同时还会配合对方的节奏，适时地给对方回应。或许你觉得这些很简单，但难就难在她那"笑脸和回应的完美契合"，我想不管是谁都会喜欢吧。
>
> 我尝试着像她那样与人相处，目前感觉效果还不错！
>
> 虽然和她还有相当大的差距，但为了提高交际能力，我会继续努力！

九宫格里的信息显然让文章内容更加充实。与文章1相比，文章2里有更多对读者有利的信息。里面所提到的人际交往的诀窍，会让人们觉得"这篇文章有用""让人获益匪浅""也想试试看"，甚至有人会满怀感激地转发这篇文章，又或者有些人的人生会因这篇文章而改变。如果文章能给读者带来这些影响，那就表示你已成功给读者送去了礼物。

特别是在推特、脸书等网络社交媒体上，文章的热度会直接通过"转发""评论""点赞"的次数体现出来。如果想知道自己的文章是否能让读者受益，不妨在社交媒体上投稿试试。

简历、求职信同样要以送"礼物"的心情写

用九宫格筛选"礼物"这个方法同样适用于找工作（跳槽）。

找工作（跳槽）其实就是一次让公司购买自己的"自我营销"。

表格3-4　用九宫格筛选"自身优势"

❶ 领导才能	❷ 开朗	❸ 创新力
❹ 毅力	题目 **自身优势**	❺ 专注力
❻ 克服逆境的能力	❼ 正面积极的想法	❽ 每年读100本书

我们要告诉对方，自己将如何为公司做贡献，以及能给公司带来什么样的收益（包括自身能力的提高）。表格3-4就是以"自身优势"为题填写的一份九宫格。

填写九宫格的过程会让我们对自身优势的认识从模糊变得清晰（可视化过程），并了解自己的卖点所在。当然，这里设定的自问题目是"自身优势是什么"。

接下来，我们要进一步深入发掘其中最为突出的优势。

建议大家不要把九宫格里的优势全部写入文章，没有重点的写作只会稀释每条优势的存在感，最终反而让人感受不到任何优势。

就好像下面的文章1。

文章1

> 我不仅开朗乐观，还具备领导力、创新力、毅力、专注力等各种工作所必须的能力。同时，我每年会阅读100本书，从这100本书籍中所摄取的营养一定会在工作中派上用场。并且，我坚信自己不服输的性格将成为自己强有力的武器。

文章1虽然内容很精彩，但重点太多很难给人留下印象。

虽然有些类型的文章对"礼物"的数量并没有限制，但在写篇幅有限的求职信时，最好重点突出"特别值得强调的优势"，这样更容易给人留下印象。

比如表格3-5正是对"创新力"的深入拓展。

表格3-5 用九宫格筛选"创新力"的细节

❶ 创新力得以提升的契机是什么？ ● 受詹姆斯·韦伯·扬①的《生产意念的技巧》一书的影响	❷ 如何创新？ ● 创新是靠"A乘以B"获得的	❸ 如何创新？ ● 创新来自于"市场中存在的问题"
❹ 如何创新？ ● 创新需要逆向思维	题目 **创新力**	❺ 有没有将创新应用于现实的具体例子？ ● 应用案例1 ● 在前公司举办了"感恩父母的拍照宣传活动"
❻ 有没有将创新应用于现实的具体例子？ ● 应用案例2 ● 举办直播文化典礼，用社交媒体招募观众	❼ 有没有将创新应用于现实的具体例子？ ● 应用案例3 ● 为了让高中家教老师帮助学生提高20分的偏差值②而举办的一系列活动	❽ 如何在新公司发挥自己的创新能力？ ● 无论是什么点子，我都能让它变得有趣

像这样，只要按照第一章介绍的"九宫格自问自答法"边提问边回答，便能收集到更确切的写作素材。

当然，如果想要突出别的"优势"，只需要对问题做出调整。比如，想要获得有关"集中力"的详细情况，就应该在②~④的单元格

---

① 詹姆斯·韦伯·扬（1886~1973）：美国当代影响力最深远的广告创意大师之一，于1974年荣登"广告名人堂"。其三大著作《生产意念的技巧》（*A Technique For Producing Idears*）、《如何成为广告人？》（*How To Become An Advertising Man*）、《广告人日记》（*The Diary of An Adman*）深具洞察力。——编者注

② 偏差值：日本人对学生智能、学力的一项计算公式值，[（个人成绩－平均成绩）/标准差]×10+50＝偏差值。——译者注

中填入问题"提高注意力应注意什么？"。

待筛选好创新力的详细情况后，我们可以从中选出有用的要素和事例来写文章，下面的文章2就是以"创新力"为侧重点所写的自荐文。

文章2

"点子王"是我的昵称。因为受畅销书籍《生产意念的技巧》的影响，创新成了我的兴趣爱好。之前我在汉堡公司供职时，曾提过这样的建议：办一场以初高中学生为对象的"感恩父母的拍照活动"，就是让初高中生手拿写有感谢语的特大图示板拍照。因为简单易操作，在活动举办期间，来店的客人激增了3成。因为成效可人，公司决定在所有店铺推广这个活动，我也因此晋升为了店长。创新有好几种途径，如"A和B的相乘效应""从市场存在的问题中得到的发现""逆向思维"等。如果有幸加入贵公司，我将在商品企划中充分发挥自己的这项能力。

这篇文章深入拓展了"创意能力"这一优势。其中，任职前公司时的活动提案尤其引人注意。一句"我很有创新能力"未免过于单薄，**如果有实例佐证，说服力便会陡然增强。**

同时，文中提到了自己是受书籍影响而对创新产生了兴趣，这一点进一步加强了文章的说服力。自身优势是创意能力（缩小范围）→理由（受畅销书的影响）→具体案例（前公司成功的宣传活动），像这样以深入拓展的方式展开论述，便能写出一篇主题分明的自荐文。

当然，最为关键的还是"**文章是否加入了礼物要素**"，在精简"自身优势"时要特别注意。不要按自己的喜好选,而应该充分考虑对方(企业或是人事负责人)最想要的是什么。

如果目标公司看中"企划能力",那么突出与企划能力相关的优势会更容易获得对方的赏识,也就更容易被录用。

再重复一遍,**我们写文章一定是有目的的**。想跳槽的人最终目的就是让目标读者,也就是企业或人事负责人认为"不能错过这个人""一定要录用这个人"。因此,我们应该把自己的优势写入文章,将其作为最好的礼物送给对方。我们在写简历和自荐信时一定要注意这一点。

第4章

最强的"写作模板"！
飞速提升写作速度！

写作模板"领路"，让你不再为写作发愁

信息收集好了，准备都做足了，自问自答也没有问题，却仍然为写作一筹莫展……这时候写作模板或许能帮到你。写作模板指的是文章的格式，**只要按照既定的文章格式写作，就能轻松写出好文章**。

比如之后会介绍的结论优先型模板，它是一款以"①结论→②理由·根据→③实例→④总结"的顺序完成写作的模板。

①~④的各个部分取代了笔者的自我提问。它们相当于"①结论是什么""②得出这个结论的理由或根据是什么""③请给我具体的例子""④请写出这篇文章的总结"。

笔者只需从①开始按顺序回答模板里的提问，就能自然而然地写好一篇文章。写作模板就是不擅长提问的人的"左膀右臂"。有了写作模板的助力，写作才会更有效率。

为了方便理解，我在书中一直用九宫格筛选信息。如果你已经熟悉了这个流程，便可略过九宫格，直接按照写作模板的顺序来回答问题。请用你习惯的方法尽情享受输出信息的快乐吧！

瞬间吸引读者的"结论优先型模板"

"结论优先型模板"有助于条理分明地表述事物,我们可以将其应用于各种类型的写作,从工作到生活。可以说它是一个万能的写作工具。

这个模板最大的特点就是**"结论先行"**。语文老师总是教导大家写作要"起承转合",**但"结论后置的写法"难免与这个信息量剧增的时代相悖。**

如表格4-1所示,结论优先型模板是指把结论放在文章开头,用结论吸引读者。

接下来,在结论之后附上理由或依据。**"结论"加"理由·依据"的搭配可以大幅增强文章说服力。**

"实例(详情)"的部分则是用来写自己或别人的经历、具体做法等。实例会让人联想到真实的场景,光讲道理的文章难免晦涩难懂,而具体的例子将有助于读者更好地理解和接受文章内容。

先用结论引起读者的兴趣和关注,然后随着阅读的推进,读者对文章的理解和认同也将不断加深。这正是结论优先型模板的特点。

表格4-1 结论优先型模板的写作流程

结论（信息）
理由·依据
实例（详情）
总结

起点 ↓ 终点

从分享经验或提案的文章，到沟通交流用的邮件，再到以报告为代表的商务文书，各种写作场景都能用到结论优先型模板。

假设要在寄给客户的健康月刊上写一篇专栏，题目是"马拉松新人不容错过的檀香山马拉松"。那么在写作之前，请先用九宫格筛选出檀香山马拉松的相关信息。

首先，将题目填入九宫格的中心单元格，然后以题目为中心，将檀香山马拉松的相关信息填入其周边单元格。

其次，要思考这篇专栏的目标读者是谁。因为是健康月刊，那就将其定位为"注重健康的40岁上下的女性"吧，并且假定读者读完文章的反应是"决定参加檀香山马拉松，并向大会事务局提交报名申请"。

做完假设，我们再来考虑什么样的"礼物"会让目标读者心动，包括"向全程马拉松新人推荐檀香山马拉松的理由"，等等。

我们可以用第一章讲到的基本问题筛选基本信息（这里指的是与檀香山马拉松相关的信息），用铲子问题拓展内容。

我们在表格4-2里用铲子问题拓展了檀香山马拉松"时间无限制"这个优点（⑥~⑧）。

在用九宫格筛选好信息后，总算轮到模板登场了。请按照结论优先型模板的顺序（如下页表格4-3），依次将九宫格里的信息写

表格4-2　用九宫格筛选与"檀香山马拉松"相关的信息

❶ 檀香山马拉松是什么？	❷ 有多少人参加？有日本人参加吗？	❸ 推荐给马拉松新人的理由是？
• 它是每年12月在夏威夷的瓦胡岛檀香山市举行的马拉松大会	• 每年有2万~3万人参加，其中半数为日本人	• 它没有时间限制，被称为"世界上最自由的市民马拉松大会"
❹ 推荐给马拉松新人的理由是？	题目 **向新人推荐 檀香山马拉松**	❺ 推荐给马拉松新人的理由是？
• 南国度假村会让你跑起来身心放松（马拉松沿途的风景很棒）		• 年满7岁且身体健康的人都可以参加
❻ 时间无限制是件好事吗？	❼ 时间无限制是件好事吗？	❽ 时间无限制是件好事吗？
• 对于初次参跑的人来说，时间限制会带给他非常大的不安和压力（如果没有时间限制，就能轻松参跑）	• 如果没有时间限制，跑完全程的比例将会提高（据说檀香山马拉松的完跑率是99%）	• 跑累了便可以走。甚至有花10多个小时跑完全程的人

表格4-3　按结论优先型模板的顺序写下相关信息

结论（信息）	如果是首次挑战全程马拉松，我会给您推荐檀香山马拉松
理由·依据	檀香山马拉松又被称为"世界最自由的市民马拉松大会"（没有时间限制）
实例（详情）	与其他马拉松大会不同的是，它没有中途失去参赛资格的规定（有人跑完全程花了10多个小时）
总结	对于马拉松新人来说，没有时间限制便不会有太大的压力

出来，该专栏限定字数为250～300字。

只要像这样把内容写出来，就完成了文章的构架。

接下来就是用筛选出的信息写文章。当然，如果写作过程中有了新的想法，或是得到了新的信息，不妨把它们直接写入文章。

> **文章**
>
> 　　如果是首次挑战全程马拉松，那么，我推荐您参加每年12月在夏威夷瓦胡岛举办的檀香山马拉松。【结论】
> 　　之所以推荐它，是因为它没有"必须几小时内到达目的地"的时间限制，它也被称为"全球最自由的市民马拉松大会"。【理由·依据】
> 　　因为没有人会中途失去参赛资格，所以2万多参赛者的完跑率高达99％，甚至还有花费10多个小时跑完全程的选手。【实例】
> 　　没有时间压力，这对新人来说是一个很大的优势。你是不是也想挑战一下呢？【总结】

在越来越追求"逻辑性""简洁性"的商务场合，**按照结论优先型模板来写，更能写出理想的文章。**

特别是觉得自己的文章结构松散的人,以及经常被质疑"这篇文章的结论(要点)是什么?""不知道作者在说什么?"的人,不妨试试用这个模板来写作。

高效准确地传达作者意图的"列举型模板"

多重信息交织的文章不仅不便于阅读,也不便于读者理解,而"列举型模板"(表格4-4)则能解决这个问题。它适用于从邮件到商务文书,再到社交媒体投稿等的各种写作场景。

列举型的关键是在开头点明文章题目和列举信息的个数。比如,本文"有3个要点""有5个注意事项""有2个技巧"。

表格4-4 列举型模板的写作流程

文章概述(提示列举个数)
列举1
列举2
列举3
总结

起点 ↓ 终点

同时，最好将信息数控制在2~7个。如果列举了8个或8个以上的信息，读者就会因信息量过大而无法对其完全吸收。**为了便于读者吸收，信息量控制在3~5个最佳。**

假设你打算在个人开设的"援助商务人士的博客"上发表一篇关于午睡的博文，那么请不要只是随意罗列"午睡的好处"，而应该用列举型模板对这些好处进行分类说明。

像表格4-5这样，事先用九宫格筛选出有关"午睡"的信息。因为是一篇推荐睡午觉的博文，所以自然要多写一些午睡带来的好处。

表格4-5　用九宫格筛选信息

❶ 你对午睡的印象是？ ● 偷懒行为 ● 逃避工作 ● 没有好印象	❷ 近年，你对午睡的印象有何改观？ ● 自从科学证明了午睡有很多好处后，我对午睡的看法大为改观	❸ 哪些公司有午睡制度？ ● 像谷歌、耐克等国际大公司是有午睡制度的。并且该制度正在全球范围内逐渐被推广
❹ 午睡的好处？ ● 可以增加一天的睡眠时间（消除慢性睡眠不足）	题目 "午睡"给商务人士带来的好处	❺ 午睡的好处？ ● 提高记忆力
❻ 午睡的好处？ ● 消除大脑疲劳	❼ 午睡的好处？ ● 提高注意力	❽ 午睡的好处？ ● 提高免疫力

用九宫格筛选好信息后，下一步便是填写列举型模板。考虑到这是一篇400字左右的小文章，作为博文来说这个篇幅并不算长，所以我精选了以下3点。

表格4-6　按列举型模板的顺序书写

概述 （点明列举数量）	午睡习惯会带给商务人士3个好处
列举1	消除睡眠不足 增加一天的睡眠时间
列举2	提高记忆力，有助于记住上午所学的内容
列举3	有复位注意力的作用 消除大脑疲劳，提高下午的注意力
总结	午睡既有利于身体健康，又能提高注意力，它对商务人士来说是必不可少的

当然，我们也可以在写作过程中更改列举项目的个数，譬如将其改为4个或5个，**只要读者可以接受就行**。而列举完要点，接下来就是以列举的信息为素材开始写作。

文章1

　　每天20分钟的午睡习惯对商务人士有3个好处。【概述（提示列举个数）】
　　第一，"消除睡眠不足"。很多商务人士都存在慢性睡眠不足的问题，如果养成午睡习惯，就能增加一天的总睡眠时间。【列举1】

> 第二,"提高记忆力"。人会在睡眠过程中整理并记忆信息,而午睡则能有效地加强我们对上午工作信息的记忆。【列举2】
> 第三,"恢复注意力"。午睡能消除工作疲劳,提高下午工作时的注意力。【列举3】
> 午睡既有益身体健康,又能提高工作效率。像Google、Nike等国际大公司早已引入了午睡制度,并且该制度正在全球范围内被广泛传播。午睡对商务人士来说是不可或缺的。【总结】

大多数人应该都会觉得"这样的文章条理清晰,读起来很顺畅"吧。

列举型模板就好比衣柜里的收纳箱。如果有一个3层的整理架,大家一般都会按"第一层袜子、第二层内衣、第三层T恤"的顺序分开放置。

为什么这么说?因为这样放置一目了然,便于查找。如果不将袜子、内衣和T恤分类,胡乱将它们摆放在架子上,那么找起来会很费功夫。如果分类摆放,就能在想要的时候马上找到。

而文中列举的项目和收纳箱是一样的,**按信息种类分别列举会更方便读者阅读。**

顺便说一下,列举项目时可以使用的连接词,除了文章1里的"第一""第二",还有以下几种,请根据文章内容选择。

- 第一点~/第二点~/第三点~
- 开始~/接下来~/最后~
- 首先~/其次~/最后~

另外，商务人士也有不少可以使用列举型模板的场合。下面是一封咨询学会主办方的邮件，请比较一下文章2和文章3的不同。

文章2

我想咨询一下下周（6号）学会的开始时间是几点？是否有提问时间？
如果您知道请告诉我一下。
另外，在会场内可以购买佐佐木先生的书吗？
给您添麻烦了，请帮我确认一下。

文章3

关于下周（6号）的学会，我想咨询以下3个问题。
1. 学会开始时间。
2. 学会是否设有提问时间。
3. 现场是否会售卖佐佐木老师的书。

与不用模板，只罗列问题的邮件（文章2）相比，用列举型模板对事项分好类的邮件（文章3）明显更便于阅读。

像文章2这样的邮件，收件人很可能会忽略掉一些问题。并且，对于写邮件的人来说，将散落在脑海中的信息整理成一篇文章，这也绝非易事（且花费时间）。

而文章3则截然不同。因为文章3用的是1～3这样的逐条列举的方式，所以会大幅降低读者漏读的可能性，写邮件的人也不必为写作逻辑烦恼，是非常有效率的。

因此，请物尽其用地使用列举型模板吧，特别是用邮件传达多重信息（确认／提问）时。

容易引起读者共鸣的"故事型模板"

如果说结论优先型模板和列举型模板是为了让读者更好地理解并接受文章内容，那么接下来要介绍的**"故事型模板"则是为了引起读者的共鸣**。

特别是在当今这个"共鸣时代"，即使理论和数据很有说服力，但得不到读者共鸣的文章仍然很难达成写作目的。**而用故事型模板写出来的文章则很容易引起读者（特别是目标读者）共鸣。**

有所感则会有所为，触动读者内心的文章更容易达成写作目的。

如表格4-7所示，故事型模板的关键就是**文章开头的"负面处境"**。

很多电影、电视剧都是从主人公"丢了钱""被解雇"等悲惨剧情开始的。主人公越悲惨，越能让观众有代入感，因为无论谁都有过"失败的体验"和"脆弱的一面"。

故事型模板正是抓住了这一点，"负面处境"是吸引读者必不可少的素材。

但如果主人公一直在负面处境里止步不前，就不会有后续的故事发展，也很难让人有代入感。

表格4-7 故事型模板的写作流程

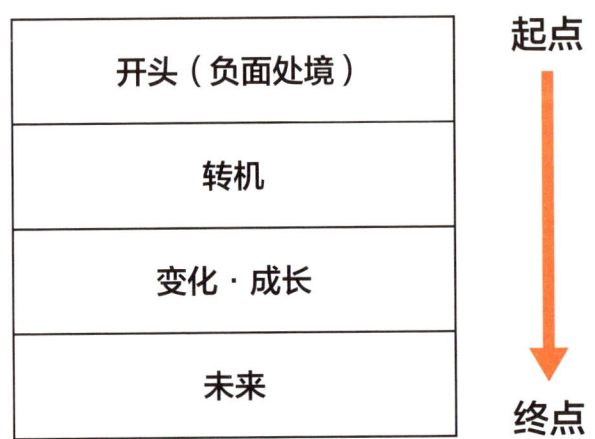

因此,主人公一定要迎来转机。譬如"认识了新的朋友""换了新的工作",等等。主人公会以这些为契机发生巨大变化,并得到快速成长。

最后,要设定一个"未来一片光明"的大团圆结局。**主人公从"开头(负面处境)"到"成功"的故事情节更容易引起共鸣,让人感动。**

特别是**第一部分"开头(负面处境)"和第四部分"未来",它们之间的反差越大,产生的共鸣和感动就会越强烈。**

假设要在教育杂志上以"英语口语的有效学习方法"为题写一篇专栏文章。如果用故事型模板来写,真实的故事情节将更容易引起读者的共鸣。

这时我们先要用九宫格筛选信息,然后按照时间顺序,用故事型模板来筛选自身经历。

那么，目标读者是谁呢？因为是教育杂志，那就假设为"学校或补习班的老师"吧，预设读者读完后的反应是"一定要把这个学习方法介绍给学生们"。

待各种设定完成，接下来要考虑的是，到底哪些"有效的英语口语学习法"会成为让学生心动的礼物呢？

我们先用"基础问题"筛选出有关英语口语学习法的基本信息，然后用"铲子问题"深度拓展其中的重点信息。因为是介绍学习方法

表格4-8　用九宫格筛选信息

❶ 以前的自己是怎么样的？	❷ 是什么让你接触到了高效的口语学习法？	❸ 你看过哪些电视剧？
• 英语口语不好。基本都是自学。曾经参加过英语班，但并没有进步	• 是因为同事推荐我看英语电视剧	• 20世纪90年代家喻户晓的家庭喜剧《老友记》
❹ 看剧时会特别注意什么？	题目 对我很有效果的英语口语学习法	❺ 反复看剧会给自己带来哪些变化？
• 第一次看是带字幕观看，之后会去掉字幕反复观看		• 一个月后开始能看懂剧情（逐渐发展到边看边爆笑）
❻ 反复看剧会给自己带来哪些变化？	❼ "英语电视剧反复观看法"的魅力是什么？	❽ "英语电视剧反复观看法"的魅力是什么？
• 慢慢地能听懂剧中的日常对话	• 用手机或平板电脑就可以观看电视剧，这样可以充分利用碎片时间	• 在观看电视剧的过程中自然而然地掌握了英语口语（感觉不到学习的辛苦）

的文章,"学习效果"和"学习重点"自然是必不可少的。

上页表格4-8是笔者记录下的为了提高口语水平所付出的努力以及取得的成绩,接下来就将这些素材填入故事型模板吧。

表格4-9的内容已经足以让人感受到该学习方法的魅力和优点,仅仅是开头对"英语口语没办法取得进步(负面状态)"的描写就足以让读者感同身受了。

表格4-9　按顺序填写故事型模板

开端 (负面处境)	我以前英语口语不好。 报名参加过英语口语培训班,但是并没有什么进步,后来就中途放弃了。
转机	听同事说"反复看英语电视剧对口语提高有帮助",于是我反复观看了家庭剧《老友记》。 看第一遍时,一有不认识的词我都会查字典,但从第二遍开始我就将字幕切换成了英语。
变化·成长	后来,我发现自己会在某个瞬间听懂剧中的对话,后来逐渐能听懂的越来越多,再后来就发现自己竟然会被剧情逗得哈哈大笑。
未来	现在我已经完全习惯了"英语电视剧反复观看法"。我想应该没有比通过看电视剧掌握日常口语更实惠的学习方法了,因此我把这个方法推荐给备受口语困扰的你。

接下来便是用表格4-9里的素材来写的文章。

文章1

以前我英语口语很不好。

为此,我曾报名参加过口语培训班,但并没有什么进步,后来上了一半就没去了;我也买过许多会话方面的书籍决定自学,但仍然张不开嘴。我感觉自己学不好是"没有语言天赋",于是就放弃了。【开

端（负面处境）】

就在这时，公司同事告诉我："反复看英语电视剧有助于提高口语。"于是我反复观看了家庭剧《老友记》。第一遍我看的是日文字幕版，遇到不认识的词我就会查字典，但从第二遍开始我便将字幕切换成了英语。【转机】

大约过了一个月，我突然觉得自己在某个瞬间听懂了剧中对话，并且在不知不觉中发现自己竟然会被剧情逗得哈哈大笑。

与此同时，我能和一位聚餐时认识的美国人用英语流利地交流，听和说都没有压力，这把我自己都吓了一跳。【变化·成长】

现在我已经完全习惯了"英语电视剧反复观看法"，喜欢利用碎片时间看电视剧。在观看电视的同时，自然而然地掌握英语日常会话的技巧，真的没有比这更实惠的学习方法了。

因此，我充满自信地把这个方法推荐给备受口语困扰的你。【未来】

文章开头（负面处境）的主人公和经历过"变化·成长"、向"未来"迈进的主人公简直就是完全不同的两个人。**这种反差正是故事型模板的魅力所在，也是引起读者共鸣的关键之处**。应该有不少人在读完这篇文章后，会迫不及待地想要试试这个学习方法吧。

我想，如果是用理论去解释这个学习方法，就不会产生如此大的共鸣。同样，如果去掉了文章1里【开端（负面处境）】那一段，读者也不会想着要去试试这个学习法（听上去像是擅长英语的人在"吹牛"）。

故事型模板能引起读者的认同和共鸣，并激励读者付诸行动。

也许有人会认为故事型的文章必须要有波澜起伏的剧情，其实并非如此，即便是身边的一件小事也可以用它来写，并且谁都能轻松上手。请看下面的文章2。

文章2

在马路牙子上绊了一下,就在大脑意识到"危险!"的那一瞬,我竭尽所能重新调整了姿势,总算避免了摔跤。

即便是这么简短的文章也是有故事情节的。不过,篇幅短的文章可以不写最后的【未来】部分。

- 开端　在马路牙子上绊了一下。
- 转机　就在大脑意识到"危险!"的那一瞬,我竭尽所能重新调整了姿势。
- 变化·成长　总算免去了一摔。

文中的【转机】和【变化·成长】之间就存在很大的反差。

我们还可以像文章3这样,把故事写得更简短。

文章3

啊,糟糕!【开端(负面处境)】
哎呀!【转机】
嘿,虚惊一场!【变化·成长】

像这样,短短十个字的文章就能营造出十足的临场感。虽然没有任何说明性的描写,却能让人浮想出在"千钧一发"之际转危为安的场景。

用"事件×感受型模板"表现个人特色

你是否有过——读者对自己的得意之作反应平淡,甚至毫无反应——的体验呢?

几乎可以说,每篇精彩的文章里一定写有笔者的"感受"或"觉悟",而那些不够精彩的文章则尽是对客观事实的阐述,看不出半点"个人特色",因此读者读完后不会有什么反应。

先不提以传递信息为目的的商务文章,在SNS这个展现自我的平台,如果笔者没有写出自己的"感受"或"觉悟",那真是非常可惜,**因为只有弄清楚笔者的想法和性情,读者才会对他所写的文章感兴趣。**

如果不擅长表达自己的"感受"或"觉悟",不妨试试**"事件×感情型模板"**。这个模板为每一个事件都准备了填写"感受或觉悟"的空间,只需按顺序填写表格,就能很好地练习如何表达"个人特色"。请一定要试试看。

这个模板无须用到九宫格,取而代之的是描述完一件事后一定要添上笔者对该事件的"感受"。

表格4-10　事件×感受型模板的流程

下面的文章1是Facebook上的一篇关于美国旅行途中的小故事。

文章1

> 我坐的是从羽田飞往洛杉矶的航班，在机场办理登机手续时被告知因为航班超额预订，于是免费给我升级到了商务舱。
> 商务舱座位是半独立空间，宽敞舒适，而且椅背可以完全放平。飞机餐的档次也很高，食材和餐具都是高级酒店的水准。

文中提到了从经济舱升级为商务舱这件事，它虽然是很特别的（幸运的）小插曲，但还到不了让人点赞的程度。

之所以这么说，是因为它不过只是陈述了事实，并没有传递出笔者的喜悦或感动，**这样的文章就很难激起读者兴趣。**

那么，让我们用"事件×感受型模板"重新构思一下文章1。如表格4-11所示，首先请思考，如果你遇到同样的事情，你的感受是什么？请记录下这些感受，因为这些对"感受"或"觉悟"的描述能增加文章的深度。接下来，让我们用这些素材重新写篇文章。

表格4-11　按事件×感受型模板的顺序写

事件	我坐的是从羽田飞往洛杉矶的航班，在机场办理登机手续时被告知因为航班超额预订，于是被免费升级到商务舱。
感受·觉悟	真是太幸运了！这段时间工作和生活都没有什么好事情发生，这样想想心情就更好了！
事件	商务舱的座位是半独立空间，宽敞舒适，并且椅背可以完全放平。
感受·觉悟	本来我在飞机上是睡不着觉的，但因为这次能舒展开身体，所以睡得非常香。也正因为在飞机上休息好了，所以基本不需要倒时差。
事件	飞机餐的档次也很高，食材和餐具都是高级酒店的水准。
感受·觉悟	前菜、主菜、甜点……这么享受的用餐时光简直太幸福了。刚吃完一道菜马上下一道就端上来了，无微不至的服务让人感受到了自己的特别。这是我有史以来吃过的最好吃的飞机餐。

文章2

我坐的是从羽田飞往洛杉矶的航班，在机场办理登机手续时被告知因为航班超额预订，于是我被免费升级到商务舱。

真是太幸运了！这段时间工作和生活都没有什么好事情发生，这样想想心情就更好了！

商务舱的座位是半独立空间，宽敞舒适，并且椅背可以完全放平。本来我在飞机上是睡不着觉的，但因为这次能舒展开身体，所以睡得非常香。也正因为在飞机上休息好了，所以基本不需要倒时差。

另外，飞机餐的档次也很高，食材和餐具都是高级酒店的水准。

> 前菜、主菜、甜点……这么享受的用餐时光简直太幸福了。
>
> 　　刚吃完一道菜马上下一道就端上来了，无微不至的服务让人感受到了自己的特别。这是我有史以来吃过的最好吃的飞机餐。

文章2里关于"笔者内心活动"的描写便于读者代入自己的情感，更容易让读者产生共鸣。因此，与文章1相比，文章2更容易获得读者的点赞。

正如文章2所示，**用文字表达出笔者的感受和觉悟能让文章增色不少。**

所以，每写完一件事一定要加上自己的"感受"或"觉悟"，并重复这个搭配，这一点小小的改变便能写出展现个人特色的好文章。

如果不擅长直接表达自己的感受，那就先用模板来练习吧。

写作模板可以迅速提高写作速度

到目前为止我们已经介绍了4种写作模板。

只要选中适合文章目的和主题的模板，就能更快更好地写出文章。等熟练之后，你甚至可以在大脑中完成所有步骤（无须在纸上写出来）。

- 结论：要从小养成读书的习惯。
- 理由·依据：读书能让人掌握生存中最重要的"语言能力"。
- 具体案例1：语言能力强的人，阅读能力自然也强，于是就能准确把握题目意图。（最终考试正确率也会提高）
- 具体案例2：语言能力强的人不仅能正确理解别人说的话，也能够准确表达自己的想法。于是，整体的沟通效率也能得以提高。
- 总结：如果孩子养成了爱读书的习惯，那么他的未来就有无限可能。

如果能在大脑中熟练地做出上述分析（分条写即可），就算出师了。大脑里的这些内容相当于实际写作时的草稿，只要打好草稿，就能快速写出文章。

同时，我们在写出大脑所想时会对其进行润色，让内容更加饱满。于是，在不知不觉中文章的品质就提高了。

等到能熟练使用模板后，我们可以对其进行任意组合，**设计适合自己的模板**。

比如，结论优先型模板的步骤是"结论→理由·依据→实例→总结"，而我们可以用列举型模板来写"理由·依据"。也就是首先写上"理由有3个"，然后依次列举出"理由1""理由2""理由3"，最后举例。

或者拼接不同的模板。比如，先用故事型模板引起读者共鸣，然后用结论优先型模板加深读者的认同感。你可以根据文章的目的和篇幅来做具体的调整。

即使最擅长的模板只有一个，你的写作技能也能得到提高，因为它能让你自信写作，这是最重要的。

那么，就请将本章介绍的4种模板变成自己的写作武器吧。

第5章

实践的第一步，从140字的SNS开始

写作，从"一条状态"开始

在SNS（社交平台）上投稿是一种练习写作的有效方式。理由之一在于它的便捷性，**无论谁都可以自由投稿。**

特别是推特，它把用户投稿称为"推文"，用户只需轻轻一点，便能投稿成功，可见它是多么方便。我们甚至可以说它是最适合初学者的一个投稿平台，因为只要有台智能手机就能轻松搞定一切。

推特的每条推文不能超过140个字，不到作文稿纸的一半。而这么短的篇幅可能仅够传达**"一条信息"**，也就是一句话而已。

对字数的限制会让文思泉涌的人不得不精简内容，相反，搜索枯肠的人仍需通过添加内容来增长篇幅。但不管怎么说，140字的字数限制**是去繁求简、精练语言最好的练习方式。**

假设要发送一篇关于贺年卡的推文，你会怎么写呢？在我看来，仅是围绕寄不寄贺年卡这一个点就有好几种写法。

下面是两篇范文。

> **文章1**
>
> 好像寄贺年卡和不寄贺年卡的人都有呢。

> **文章2**
>
> 又到了寄贺年卡的时候啦!我还在犹豫今年到底要不要寄。大家是怎么想的呀?

文章1是站在旁观者的立场所写的推文,文章2则是表达内心纠结状态的推文。作为推特投稿,这样的内容完全足够。但若想提高写作能力,不妨试着在推文中加入个人的见解或意见。

文章3是带有作者见解的推文。

> **文章3**
>
> 我决定从今年开始不再寄贺年卡。在这个用智能手机和SNS相互联系的时代,已经没有必要在过年时特意用贺年卡慰问彼此,必要的时候联系一下就可以了。

作者的想法、判断,还有价值观、哲学、思想这些东西,正是写作不可或缺的原动力。

如果希望自己的文章能够打动读者,那就请试着在文章中表达自己的内心感受和意见吧。

表达出"自己的感受"才能与众不同

有人说:"我很想明确地表达出自己的感受或想法,但做起来好难。"

我知道大家投稿前会变得敏感,会有类似于"这样的内容写出来会不会招人讨厌""自己的意见是不是过于极端"等顾虑。

但你要知道,世间很多事并不能简单用"好坏"来划分。譬如"喝酒"就是好处与坏处并存的。可能"你喜欢喝酒",但也有一些人与你不同,他们"非常讨厌酒"。如果太在意周围人的意见,就会失去自己的立场,也就无法从写作中获得快乐。

只有在懂得了不是什么事都能用好坏划分的基础上再明确自己的立场,才能向读者展现自己的"特色",形成作者的"个人风格"。

下面就让我们从喜欢酒和不喜欢酒这两个立场来分别构思一篇文章吧。

> **文章1**
>
> 我喝酒就是为了卸下"理性"的枷锁。理性之于生活固然是必需的，但被其束缚的人生却索然无味。一喝酒，我的脑海会涌现出崭新的想法，心里会萌发挑战人生的勇气。
>
> 作为"打破自己外壳的工具"，酒是必不可少的。

> **文章2**
>
> 我不喝酒是因为听说酒会降低人的智商。"每天喝酒=每天有好几个小时智商下降"。
>
> 在有限的人生里，没有比这更让人悲伤的事情了。所以我会选择读书或做些其他的事儿，将那几个小时用于对自己未来的投资。

文章1是"喝酒派"的投稿，文章2是"不喝酒派"的投稿。这两篇文章的观点非常明确，不管是文章1还是文章2，它们各自叙述的理由都是能打动人心的。

那么下面的文章3又如何呢？

> **文章3**
>
> 喝酒既有好的一面又有坏的一面，我会根据身体状况来决定喝不喝。

不是说这篇文章不好，但单从没有明确立场这一点来看，它是很难打动读者的。

想要面面俱到便少了人情味（当然，如果将立场中立或面面俱到做到极致，也能形成自己的特色）。所以，即使说错了也没有关系，

在刚开始写作时一定要明确自己的立场。

"明确立场应该会受到批判吧",或许有人会为此而感到不安。当然,不能说没有这种可能,有些时候确实会受到反驳和批判。但是,那些反驳和批判并不是对你这个人的否定。

还有人会因发表推文导致关注者减少而感到失落。要知道,推特是个自媒体平台,也就相当于"你自己的媒体",**如果你为了与周围保持一致而收敛个性,这样做既是对自己的否定,也提高不了写作能力。**

与他人持不同意见或想法是很正常的事。过于在意他人想法的人能写出来的无非是一些无关痛痒、平淡无奇的内容。长此以往,不能畅所欲言的压力会让笔者失去写作的乐趣,而读者也不会觉得老生常谈的话题有什么意思。

要想得到读者的认同和共鸣,就必须真诚地表达自己的感受和意见。

网红的推文之所以备受欢迎,也是因为他们写的是自己的真情实感。

虽然可能会因此失去一些粉丝,但从另一个角度来看,留下来的才是支持你的忠实粉丝。

只要不是诽谤中伤或违背公序良俗的内容,无论写什么都是可以的。但是,请真诚地表达自己的感受和意见。

也许有人会看不懂了,第3章不还说重要的是"要有礼物意识"

吗？这里怎么又说要写自己的感受和意见了呢？

这并不矛盾。**因为最厉害的写作就是在明确表达自己的感受和意见的基础上，洞悉读者的需求，为目标读者送上"礼物"。**

本章会介绍一些表达自己感受或意见的方法，这是"用文章送礼物"的前提。在能写出自己的感受或意见之前，我们不妨暂时将"送礼"的意识从大脑中移走。

找到最适合自己的搭配模板

我在第4章介绍了结论优先型模板。如果是一篇140字的推文,那么,在练习之初只需写个"结论"就够了。只写"结论"的推文有助于明确自己的感想和意见,是一种行之有效的练习写作的方式。

只写结论的推文示范

- 也许人的这张脸只是"为了见人而存在的"吧。
- "依存"不同于"共存"。
- "自认为没有情感"其实也是一种情感。
- 如果希望别人推你一把,首先你得让对方看到你的后背。
- 运动(特别是球类运动)最锻炼的能力不就是预测能力吗?

我们要多加斟酌"只有结论"的推文的措辞。只有用词精准,才能准确地表达出自己的想法。比如最后那条推文的措辞——"不就是预测能力吗"——便可以用多种方式表达,请看下面的例子(每句话都有微妙的差别)。

- 是预测能力。
- 可能是预测能力。
- 我认为是预测能力。
- 我感觉是预测能力。
- 感觉像是预测能力。
- 应该是预测能力。

在适应了"只用结论"来明确表达感受或意见后，我们可以逐步增加推文的长度。下面是从我的推特上摘选的几种"推文的写作模式"。

文章1

"休闲"和"闲"是不一样的。"休闲"为心灵和身体带来能量，而"闲"带来的只有不安和恐惧。

文章2

担心"自己跨不过去"而对墙壁心存畏惧的人啊，请你先去墙脚看看吧。只有凑近了才会知道，那些看似墙壁的东西不过是密集的台阶叠在一起给人的错觉罢了。

这两篇推文的结构都是**结论搭配理由**。如果读完"理由"，读者能豁然开朗，那么这篇推文就算成功。

> **文章3**
>
> 　　那些存在于大脑中的东西不过是些"烟雾",而不是"想法"。只有当你将它们说出来、写出来,亦或是付诸行动后,它们才能被称为"想法"。

这篇推文是**"否定×结论"**的搭配。第一句的"否定"和第二句的"结论"之间的落差使得结论更具吸引力。

> **文章4**
>
> 　　如果从没写过文章该怎么办?那就如实写下"我没有写过文章"就可以了。

这篇投稿的结构是**"提问×结论"**。一开始的提问增加了读者对答案的期待。

> **文章5**
>
> 　　用纳豆搭配面包的人很少,而用它搭配白米饭的人颇多。我们可以说,事物的好坏会因搭配而改变。当事物往坏的方向发展时,与其改变其本身,不如改变它的搭配。

这篇投稿是**"例子×结论"**的搭配,是通过例子引出结论的写法。上面的例句是用"纳豆的搭配"引出了"事物搭配"这一结论。

> **文章6**
>
> 当杂志记者时,我常被告诫"写稿时要当读者都是傻子"。当然,这句话并不是其字面意思,而是说"要写出所有读者都能看懂的文章"。

这篇投稿是"**小故事×结论**"的搭配,它适用于传达小故事里的经验教训。

> **文章7**
>
> 人生是应该继续寻找"没有的东西",还是应该雕琢"已有的东西"?这是个难题。

这篇投稿是"**比较×提出问题**"的搭配。只要它能引发读者思考"如果是自己会如何选择"就算成功。可能有些读者会去揣度作者的立场,但不管怎样,只要能让读者就这个话题展开了思考,便是这段文字的魅力所在。

> **文章8**
>
> 昨晚妻子对我说:"小拓,我去买点小松菜,回头你帮我用小松菜和水果榨杯果汁吧,我给你100日元。"什么!100日元!把我当成了小学三年级的学生了吗?

文章 9

最近每天都和沉迷鲁邦三世的女儿一起看《卡里奥斯特罗之城》。我问女儿："鲁邦里面你最喜欢谁？"女儿答道："钱形幸一！"这，这家伙……一个初阶入门者竟然已经达到了鲁邦高阶粉的境界。

这两篇投稿都是"**小故事×感想**"的搭配。从对小故事的感想或见解可以得知作者的个性。而文章8和文章9均属吐槽风格，为的就是博读者一笑。

看了这么多，最重要的还是要找出自己需要的、适合的才行。**我建议不妨各种都尝试一下，从而选出最适合自己的。**

随着投稿经验的增多，我们能得到"适合／不适合""有反应／没有反应""越写越开心／越写越无聊""好写／不好写"等的反馈，于是也就能知道什么样的题目、什么样的风格适合自己。

以半径5米内的事为写作"素材"

想要写出有新意的文章,首先要有"以半径5米内的事为写作素材"的意识。

比如,在谈论教育问题时,虽然可以用"日本的教育体系是……"这种概念化方式来聊"教育"这个话题,但这需要丰富的知识和经验,在这一点上,我们不可能比得过教育从业者或研究教育的学者。

那么,不如将目光投向以自己为圆心的半径5米之内的范围。比如自己小孩的教育问题,这是他人,包括教育从业者、学者等专业人士无从下笔的内容。我们可以以自己小孩的教育为切入口,继而谈论日本的教育体系。这样,一篇有趣且具有说服力的文章就写好了。

接下来,让我们试着从"概念"(文章1)和"半径5米内的素材"(文章2)两个角度各写一篇文章。

> **文章1**
>
> 　　从政府统计的经济发展指数来看，日本确实正处于长期的经济恢复期。但是，或许是受到通货紧缩或人口减少的影响，民众并没有感受到经济的繁荣。有人说"安倍经济政策"确实有振兴经济的作用，但不得不提的是，该政策靠的是数据和多方调整，存在着巨大的风险。

> **文章2**
>
> 　　经常看到关于日本经济很景气的新闻，而我的工资却没有任何增长的迹象（零花钱当然也没有涨！），在小酒馆也很少看到头上缠着领带喝得很爽的人（笑），而且也看不出大家在旅游或购物上有多大方。当然，对500日元能吃上一顿午餐我是很感激的，但这和经济景气应该不是一码事吧？切身体会不到的景气算怎么回事？真希望有一个根据国民的实际感受设定的新指标。

"从概念切入"并非不可取，只是那样写出的内容偏抽象和专业。如果不是相关方面的专家，很容易被视作"特立独行的人"。当然，也很容易暴露出自己学识的不足。

相反，另一篇文章则是站在普通市民的角度，列举出"我的工资""零花钱""小酒馆""500日元的午餐"等半径5米内的关键词。这些内容会让读者觉得真实，因而更容易引起大家的共鸣和理解。

像这样，**写"半径5米内的素材"不仅取材容易，也更易引起读者的兴趣，以及获得读者的反馈。**而所谓的"半径5米"其实就是作者的切身体验，以及作者的意见和主张。

再重复一遍，SNS其实就是一个"自媒体"。因此，你无须逞强，让大家看到媒体主人，也就是"作者"真实的一面才是最重要的。

"半径5米内"是别人无法迈入的神圣之地，这里有很多别人写不了的素材，从这里找到适合投稿的素材正是吸引读者的诀窍。

事先了解SNS的特点

SNS上的投稿不同于学校要求提交的作文或论文,它既不必迎合老师的喜好,也无须按得高分的套路写。

有时候三观正确、条理井然的文章并不受读者待见,反而视点独特、立意新颖的文章会备受好评。以下是SNS上的投稿倾向总结。

表格5-1 SNS的投稿倾向

难以引起共鸣的投稿	容易引起共鸣的投稿
正确言论(常识)	真心话
吹牛	自我调侃
成功之谈	失败之谈
严肃的内容	有趣的内容
抽象的内容	具体的内容
老段子	流行段子
居高临下的态度·小心翼翼的态度	平等的态度
夸大的内容	如实的内容
稀松平常的事	让人惊讶或是让人有所启发的事
似曾相识的内容	初次听到的内容
让人心情郁闷的内容	让人豁然开朗的内容

特别是认定"必须写大道理""必须三观正确"的人要格外注意，使用社交平台的人一般对大道理、常识性言论都不感兴趣。

当然，表格5-1里的对比总结终究只是一个倾向。有些人的风格就是"一本正经地谈大道理"，**而我们最应重视的就是"个人风格"**。在顾及这些倾向的同时展现"个人风格"，这才是最理想的。

提升语法和词汇水平①
注意"一文一义"

要用140字说清楚一件事,就必须将文章写得通俗易懂。同时,为了避免读者误解,我们要不断提高"语法""词汇"等写作基本功。

只要做好以下5点,文章就会从"难读"变得"易读",从"难懂"变成"易懂"。

首先,写作原则里有一条叫**"一文一义"。指的是一句话(以句号结尾的句子)只写一个信息。句子里的信息越少,大脑需要处理的信息量也就越少,于是就能提高读者对句子的理解。**

那么,请对比下面两篇文章。

> **文章1**
>
> 周末去了久违的迪士尼乐园,因为人还是一如既往的多,所以只好挥泪放弃最喜欢的小小世界,去玩了妻子喜欢的巨雷山,矿山列车从岩石废坑疾驰而过的刺激感让人欲罢不能,并且因为我们坐的是列车最右前方的那个被称为"惊险度高三倍"的座位,以至于我被吓得尖叫连连。

> **文章2**
>
> 　　周末去了久违的迪士尼乐园，人还是一如既往的多。不得已我只好挥泪放弃最喜欢的"小小世界"，去坐了妻子喜欢的"巨雷山"。矿山列车从岩石废坑疾驰而过的刺激让人欲罢不能！因为坐的是列车最右前方，一个被称为"惊险度高三倍"的座位，以至于我被吓得尖叫连连。

读下来感觉如何？是不是文章2读起来更顺畅？

文章1的作者可能写得很尽兴，但这样写会加大阅读难度。文章整段话只有最后一个句号，且全文超过120个字，包含了多条信息。要厘清这些信息可不是件容易的事！

"一文多义"，意思就是一句话包含了多重信息。阅读理解能力差的人是很难读懂这种文章的。一旦读者感觉有难度就不会继续读下去，甚至有可能不再读你写的文章。

而文章2里新增了句号和感叹号，它们把文章分成了4小节。虽然内容没有什么变化，却容易读得多了。

写文章不是跑马拉松，它更像是一场接力赛。**事情要一件一件写，写好一件再写下一件**。不用着急。

另外，为了让关键词更加醒目，我给文章2里的游玩项目加了引号，这也是一种让文章更易阅读的方法。

提升语法和词汇水平②
拉近主语和谓语的距离

日语不同于英语，它是一门主语和谓语容易拉开距离的语言，这也正是需要特别注意的地方。①因为主语和谓语间隔太远，会加大文章的理解难度。

我们来看看下面的文章1和文章2。

文章1

本校按照顾问咨询公司的指示，以提高在校学生满意度为目的，针对成果数据化和各团体工作状况开展了问卷调查。

文章2

本校针对成果数据化和各团体工作状况开展了问卷调查。该调查是按照顾问咨询公司的指示，以提高在校学生满意度为目的而开展的。

怎么样？文章1中主语"本校"与谓语"开展了问卷调查"间隔

---
① 汉语语法也存在这一问题，因此同样适用本节方法。——编者注

颇远，这会让人读起来不耐烦，或许还会有人抱怨："咦？这个学校……到底做了什么？快点说好不好！"甚至有人会因为缺乏耐性而中途弃文。

那么我们再来看文章2。因为主谓语离得近，所以它比文章1要容易理解得多。

日语是一门稍不注意主谓语就会相隔很远的语言，我们一定要时刻留意主谓语间的距离。

直觉敏锐的人或许已经察觉到，"拉近主语和谓语的距离"这一原则与之前介绍的"一文一义"原则是密切相关的。为什么这么说呢？因为一句话包含的意思越多，句子也就越长，主谓语就越容易分离。也就是说，**一文一义对拉近主谓语距离起着非常重要的作用。**

提升语法和词汇水平③
不用多余的表达和措辞

在第1章的"热情书写,冷静修改"一节里,我们着重讲解了如何删除"多余内容",这一篇则想聊聊删除多余"词语和措辞"的重要性。

日语这门语言,只要你愿意,便可将一句话写得无限长。比如,"赞成"可以写成"我想我会赞成",或"正在朝着赞成的方向考虑"。可问题是,这样的表达并没有特别的目的或作用,不过是空有长度,使文章变得冗长难懂罢了。

即便文章内容很好,但冗长的表达可能会让读者"不想再读这个人的文章"。**同时还需注意的是,人们往往会认为,将工作文书写得冗长的人都是"工作能力差"的人。**

下面的两篇文章写的都是黄金周的度假方式,你觉得哪篇读起来更舒服呢?

> **文章1**
>
> 　　基本上,黄金周期间,日本各地的道路和景点都是人山人海,非常拥挤。因此,我不会特意选这个时期出游,今年亦是如此。我打算在放假期间读读那本因工作繁忙而搁置的书,还想去附近的公园,和好久没见的小朋友们玩各种各样的游戏。

　　感觉怎么样?我想,大多数人都明白文章的意思,但会觉得"啰唆"是吧。我试着删除了"拐弯抹角的措辞"和"多余的表达",以及"可有可无的修饰语(副词和形容词等)",于是就有了下面的文章2。

> **文章2**
>
> 　　黄金周期间,日本各地的道路和景点都非常拥挤。因此,我不会在这个时期出远门。今年也打算在家里读读平时没时间看的书,或者去附近的公园和小朋友们一起玩。

　　像这样,在删减掉四成内容后,文章变得简洁易读,不再给人啰唆的感觉。

　　当然,也有人会想保留一部分删减掉的内容。如果作者认为有保留的价值,或者它的存在能达成某种目的,那就不妨将它保留下来。反之,**那些没有特殊意义或目的的措辞和表达就没有必要保留。**

　　另外,我写文章时会注意文章的**"信息密度"**。我把多余的表达和措辞多的文章称为"信息密度低的文章",而多余的表达和措辞少的则是"信息密度高的文章"。能让读者受益更多的自然是后者。

新闻报道和杂志专栏是高信息密度的文章的代表。因为新闻报道和杂志专栏的篇幅有限，不允许写多余的内容，所以专业人士会严选内容，斟酌并精简措辞。这样的写作态度也适用于我们。

如果觉得"自己的文章信息密度低"，那么，你不仅要删掉多余的内容，还应删掉多余的表达和措辞。

之所以推荐大家在推特上投稿，就是因为**140字符的限制有利于提升大家对内容、用词、表达等各方面的把控能力**。用有限的字数做清晰的表达正是写作的基础。

提升语法和词汇水平④
要尽可能写得具体

推特上的投稿要尽量"写得具体",模糊笼统的抽象表述或个人观念很难传递出真情实感。接下来,让我们来看看文章1。

文章 1

> 新开的拉面店不仅味道好,价格也合理。

可以想象,作者一定是很高兴地写下了这句话。但是,文中的信息量并不能满足读者的需求。读者读完不禁会问:这是哪里的拉面店?是哪种拉面?价格"合理"指的是多少?那么,我们应该如何具体地表述呢?下笔时需要注意哪些地方呢?

文章 2

> 神保町(从A6出口步行3分钟)新开的拉面店"面所KIKI"的"盐拉面"很好吃。这么好吃才780日元一碗,价格真的非常合理。

我把表达笼统的几处改成了具体的词。通过加入"神保町(从A6出口步行3分钟)""面所KIKI""盐拉面""780日元一碗"等信息,这篇推文就变成了真正对读者有用的内容。一定有读者读完后会想："真是感谢作者的分享，去神保町的时候一定要尝尝这家拉面店！"

那么，如果想让文章2的内容更为具体，我们还可以在哪些地方添加信息呢？请看下面的文章3。

> **文章3**
>
> 　　神保町（从A6出口步行3分钟）新开的拉面店"面所KIKI"的"盐拉面"很好吃。自制的平卷面吸附住清淡的鸡汤，这种Q弹爽口的感觉让人欲罢不能！这么好吃才780日元一碗，价格真的非常合理。

文章3里加入了对"盐拉面"味道的具体描写，而文章1和文章2都只是用了"好吃"一笔带过。"好吃"二字并不能告诉读者究竟为什么好吃，怎么个好吃法，很难引起读者的兴趣。

相反，文章3里有关于拉面味道的具体描写，这些文字能让读者联想出拉面的美味（或许还会有人馋得直咽口水）。读者们只有在得知拉面的具体味道后，才可能想要亲自去尝尝。

这样的具体描写能带来诸多好处，比如"能让读者更好地理解文章内容""能引起读者的兴趣"，等等。

我把抽象文章和具体文章罗列在下方，仅供大家参考。并且请思考，如果是你的话会怎么写？

> × 从车站到会场需要走一段距离。
> ○ 从池袋车站（东口）到"丰岛公会堂"会场需要步行5分钟左右。
>
> × 请在会议开始前按与会人数准备资料。
> ○ 请在13点会议开始前，按与会人数（24人）准备好A项目的企划书。
>
> × 每天有好几趟从鹿儿岛到屋久岛的高速轮船，提前预约的话价格很划算，所需时间比渡轮短。
> ○ 从鹿儿岛开往屋久岛的高速轮船"Toppy Rocket"的始发是7点30分，最后一班是16点，每天运行7班。提前7天预约的话往返票价是14600日元，所需时间是100分钟多一点，比耗时240分钟的渡轮用时缩短一半以上。

仅仅只是用**"数字"和"专有名词"**置换掉抽象的词语和表达，文章就清晰好懂得多了。

另外**还需注意的是，不要漏掉任何读者需要的信息（切忌话没说到位），要完善对细节的描写。**即使自己觉得"不写也无所谓"，但毕竟还有很多读者是"什么都不知道的""不了解背景和前提的""基础知识不够的"。**我们要站在读者的立场，把读者需要的信息具体地写出来。**

写给"比自己水平低的人"看

之前,我们讲到了不擅长写作的人大多都是因为对写作有抵触心理。

在此我还想说一个写不出来的原因,那就是很多人觉得"自己不会表达""没有值得分享的内容"。

但在我看来,所有人都是具备"表达能力"和"值得说给别人听的内容"的。比如,下面这些内容就都可以写在社交平台上。

- 自己喜欢的事情
- 自己擅长的事情(包括特技)
- 自己长期坚持着的事情(包括习惯)
- 比别人更了解的事情
- 自己做过的事情(独一无二的经验更好)
- 自己热衷的事情
- 经常被别人夸奖的地方
- 觉得自己与众不同的地方
- 在假期和闲暇时间所做的事情
- 曾经不擅长,但现在做得了的事情
- 曾经遇到过失败或挫折,但从中吸取教训继而获得成功的事例我想这里面应该总有一条适合你写吧，如果没有，那也许就是你把写作标准定得太高了，请不妨试着把心态放轻松一些。

难道说只有F1赛车手才有资格写开车话题吗？根本不是这样。甚至都不必是20年以上车龄的老司机，即使是刚刚拿到驾照的新手司机，只要他认为自己非常擅长侧方停车，那么他就有向不擅长的人分享经验的资格。

而有资格写烹饪内容的也不是只有餐厅主厨，更不必是烹饪教室的老师。对做不好味噌汤，以及不擅长做菜的人来说，能做出"家人公认的美味味噌汤"的妈妈手里一定就有值得分享的做菜窍门。

事实上，"想看比自己更有经验的人写的文章"这样的阅读需求不在少数。

因此，当你想在社交平台上分享点什么的时候，完全没有必要非以某领域权威的身份来投稿，也不必有"有人比我更了解""有人比我更擅长""有人比我更有经验"等顾虑。

专家写的内容过于专业反而会让读者看不懂。所以不管水平如何，你都有资格分享。**因为你是写给"比自己水平低的人"看的。**

第 6 章

"写作大脑" 练习法

用150字说明身边的事和物

在本书的最后,我还想介绍一种可以在闲暇或碎片时间轻松实践的写作方法,我称之为"**写作大脑练习法**"。只要反复实践这个方法,便能轻松写出好文章。

首先是针对说明能力的练习。文章写得好的人往往很擅长说明,不是指针对难懂的专业术语的说明,而是指**通俗易懂地解说众所周知的事物**。而这项能力的提升与写作能力的加强息息相关。

譬如,下面列举的这些事物应该很多人都知道。

新闻 / 汽车 / 橘子 / 珠穆朗玛峰 / 寿司 / 足球 / 冰箱 / 新年 / 琵琶湖 / 空调 / 上班 / 成人式 / 四国 / Instagram / M-1大赛① / 议员 / 漫画 / 风险企业 / 钱包 / 美容室 / 税收 / 医院 / 领带 / 盂兰盆会 / YouTube 投稿人

如果要求你"分别用150字对每个词做出说明",你会怎么做?

应该会有不少人觉得:"可真不知该如何解释才好……"也有人

---

① M-1大赛:由岛田绅助企划,吉本兴业主办的日本漫才比赛。——编者注

会说:"汽车就是汽车,橘子就是橘子,四国就是四国啊!"或者就写:"汽车是行驶的交通工具。""橘子是水果。""四国是日本的一个大岛屿。"但这又起不到说明的作用。

对事物进行说明时需要"知识"和"语言"。也就是说,关键在于是否拥有与之相关的知识储备,以及是否具备足够阐释这些知识的语言,也就是所谓的**"词汇量"。说明的水准取决于词汇量的多少。**

如果有这样一道题:"请用150字说明'四国'这个词,且文中不能有'四国'二字。"那么你会如何说明呢?

表格6-1 九宫格信息收集法 题目:四国

❶ 面积次于本州、九州、北海道的日本第四大岛屿(位于本州西南方位)	❷ 北侧是濑户内海	❸ 南侧是太平洋
❹ 【四国四县】爱媛、香川、德岛、高知	题目 **四国**	❺ 四国这个名字源于曾经的阿波国、赞岐国、伊予国、土佐国这四个国家
❻ 四国由本岛以及400多个小岛组成	❼ 四国地区的总人口数约为375万	❽ 弘法大师空海曾经修行过的四国地区的88处遗迹,现因朝拜者闻名

正如第2章所说,没有素材便写不出文章。所以,首先应该收集用以说明的必要信息,并填写入九宫格内。

如果自己不懂,还可以通过上网搜索、查阅字典、书籍、杂志,或者向了解的人咨询等途径获取需要的信息。调查收集信息也是写作练习的一环。

如果能收集到如表格6-1的信息量,那么写一篇150字的文章便不在话下了。

下面是一篇150字的说明文。

> **文章**
>
> 它是面积仅次于本州、九州、北海道的日本第四大岛屿,位于本州西南方位,北临濑户内海,南朝太平洋。它的名字源于曾经的阿波国、赞岐国、伊予国、土佐国这四个国家(现在的爱媛、香川、德岛、高知四县)。它由本岛以及400多个小岛组成,总人口数约为375万人。弘法大师空海曾经修行过的88处遗迹,现因朝拜者闻名。

这不就写出一篇要点俱全的说明文了吗?这种练习方法既不要求内容有趣,也不必加入原创内容,只要将题目清晰准确、通俗易懂地解说出来就可以了。

请每天以150字为限,围绕某一题目(关键词)来练习写作,什么题目都可以。 譬如,"请用150字说明'高速公路',且文中不能有'高速公路'这4个字""请用150字说明'智能手机',且文中不能有'智能手机'这4个字"。

推荐你和家人朋友一起来练习，并互相检查彼此的文章。在互动中你会发现："原来还可以这样写""原来那样写能解说得更清楚"，而这些发现会让你拥有一个强大的"写作大脑"。

当然，我写这本书并不是要你什么都写，"成为一个杂学博士"，而应该**优先工作或生活中常写的题目（类型）**。

如果你是服装业的人，就解说与服装相关的词；如果你是IT界的人，就解说与IT相关的词；如果你是专门写和服博客的博主，就解说与和服相关的词。像这样，只要用自己常写的词语进行写作练习，便能更直观地感受到写作能力的提高。

通过"九宫格近义词转换游戏"增加词汇量

词汇量与写作能力密切相关,想要提升写作水平就必须增加词汇量,而"近义词转换"正是增加词汇量的方法之一。

表格6-2　九宫格近义词转换游戏　题目:亲切的人

❶ 心细的人	❷ 客气的人	❸ 体贴的人
❹ 无微不至的人	题目 **亲切的人**	❺ 温柔的人
❻ 脾气好的人	❼ 温暖的人	❽ 喜欢照顾别人的人

词汇量多的人和词汇量少的人所写的文章在品质上是有明显差别的。

比如,"亲切的人"这个词的近义词有哪些呢?请试着在九宫格里将它们写出来。

当然还有很多与之相近的表达,不同的对象适合不同的词。文笔好的人往往能瞬间想到这些近义词,并从中选出最合适的。

表格6-3是"喜悦"的近义词示范。

像这样,先选定一个词,然后试着写出它的近义词,近义词多的

表格6-3　九宫格近义词转换游戏　题目:喜悦

❶ 幸福	❷ 快乐	❸ 高兴
❹ 愉快	题目 **喜悦**	❺ 欢畅
❻ 心情好	❼ 情绪高涨	❽ 高兴到飞起

应该可以写出10多个，最少也要写出3～4个。写好后可以上网查《近义词辞典》，看是否还有别的表达方式。**查阅《近义词辞典》也是增加词汇量的手段之一。**

以下是部分可作为"近义词替换游戏"的题目。我在每个题目后面写了几个近义词，但应该还可以找到更多的词，请务必试着写写看。

- 笑：微笑，浅笑，嫣然一笑
- 诚实：正直，稳重，有良心
- 聪明：机灵，伶俐，优秀
- 希望：愿望，憧憬，抱负
- 怯懦：消极，逃避，缺乏自信
- 自尊心：骄傲，优越感，自负
- 误入歧途：乖僻，堕落，顶撞
- 打扫：收拾，整理，使之整洁
- 理解：明白，信服，达成共识
- 挑战：试试，尝试，试行

可以让在场的每个人依次说出一个近义词，或者让大家比赛，看3分钟内能写出几个。在和家人朋友玩游戏的过程中找出近义词，寓教于乐。

通过"'比如'游戏"增加具体例子

写文章要有穿插"具体"和"抽象"的意识。

读者很难对一篇抽象的文章有具体的印象,但也不能因此就说只写具体内容的文章就是好文章,因为如果文章太过具体,读者也很难抓住文章的"核心"和"本质"。**只有平衡了文中的"抽象表达"和"具体表达",才算写出了一篇易于阅读、易于理解的好文章。**

因此,我向大家推荐两个游戏,一个是**"用'比如'使内容具体化的游戏"**,一个是**"用'也就是'使内容抽象化的游戏"**。

所谓的"用'比如'使内容具体化的游戏",就是先决定一个抽象的主题(词语),然后用接续词"比如"列举出与主题相关的实例,让内容更为具体。

假设题目是"蔬菜",那么我们可以这样写:"比如,白萝卜、胡萝卜、卷心菜、洋葱、西红柿。"

请看下面我列举的"题目和具体实例"。

- 题目：亚洲国家
→ 中国、韩国、越南、泰国、菲律宾等
- 题目：SNS
→ 推特、Instagram、Facebook、Line、YouTube等
- 题目：世界文化遗产
→ 自由女神像、万里长城、科隆大教堂、圣米歇尔山、泰姬陵等

你可以将能想到的例子都写出来，起码要有5～10条。另外，比起一个人，多人一起玩会更有气氛，与此同时，你也能从别人的答案里获得灵感，学到知识。

×我想找个时间来场环球旅行，去看看各地的世界文化遗产。
○我想找个时间来场环球旅行，去看看各地的世界文化遗产，比如自由女神像、万里长城、科隆大教堂等。

对比之下一目了然，有具体例子的文章会带给读者身临其境的感觉，应该有读者眼前已经浮现出了自由女神像、万里长城等画面了吧。

我们只要不断练习"用'比如'将内容具体化的游戏"，慢慢就会习惯性地往文章里加入具体例子。

通过"'也就是'游戏"掌握归类能力

"让内容抽象化的'也就是'游戏"与上一篇"让内容具体化的'比如'游戏"正好相反。它的游戏规则是两人一组,其中1人为出题者,当他说完"鱿鱼、青鱼、枪鱼、海鳗、红贝"等具体的鱼的种类后,另一个人回答:"也就是,寿司材料"("寿司材料"这个词比鱿鱼、枪鱼等鱼名要抽象一点)。

如果游戏参与者多于两人,那就一个人说具体的词,其他人思考抽象的总结词。作答时既可以大家一起,也可以用抢答的方式。

当然,出题者必须要对"抽象词"和"具体词"心中有数(否则就无法让别人作答)。这么说来,这个练习方法不仅对作答者,对出题者也能起到很好的练习作用。

下面是将具体的词抽象化的例子。

- 具体例子:圆珠笔,笔记本,圆规,剪刀,胶水……
  → 也就是,文具!
- 具体例子:Sexy Zone, King&Prince, Kis-My-Ft2, 关8, 岚……

> → 也就是，杰尼斯组合！
> - 具体例子：冲浪，潜水，香蕉船，摩托艇，跳伞……
> → 也就是，海上运动！
> - 具体例子：箱根，那须，别府，道后，草津，下吕……
> → 也就是，温泉地！
> - 具体例子：王贞治，黑泽明，高桥尚子，羽生善治，羽生结弦……
> → 也就是，日本国民荣誉奖获奖者！

反复练习"让内容抽象化的'也就是'游戏"，**能提高给事物归类的能力。**

比如，当眼前排列的是一些不同事物时，我们能习惯性地去关注它们的共同点（或者说"本质"），这种习惯对写作很有帮助。

接下来请比较下面两篇文章。

文章1

2018年上映的电影《波西米亚狂想曲》讲述了主人公弗雷迪·莫库里作为男同性恋的经历。另外，同年上映的电影《性别之战》讲述的是主人公比利·简·金作为女同性恋的故事。我很受感动。

文章2

2018年的电影《波西米亚狂想曲》讲述了主人公弗雷迪·莫库里作为男同性恋的经历。同年，另一部电影《性别之战》上映，它讲述了主人公比利·简·金作为女同性恋的故事。同时期上映两部同题材

> 电影绝对不是偶然,体现了消除对LGBT群体的歧视、增强对他们的法律保护的社会风潮已经步入正轨。电影在为社会带来娱乐的同时,也不声不响地承担着社会时事评论的职责,这股侠气让我非常感动。

只写了事实的文章1是一篇"没有抽象内容的文章"。读者的反应大概就是:"哦,这样啊。"这段虽然描写了具体内容,却并没有提及现象之后的本质,让人读来很不尽兴。读不到言外之意的读者不禁会问:"所以呢?""究竟哪里让人感动了?"

相反,文章2是一篇"有抽象内容的文章",后半部分揭示了两部电影同时上映的意义(本质)。正是这段抽象的总结,才能让读者在读完文章后对作者的写作观点感同身受。

"让内容抽象化的'也就是'游戏"并不是单纯的"文字游戏",它担负着将视点从"虫眼①(具体)"提升到"鸟眼②(抽象)"的作用。这个游戏能提高人们**发现事物共同点的能力和挖掘核心与本质的能力**。

而"让内容具体化的'比如'游戏"则是将视点从"鸟眼(抽象)"下移到"虫眼(具体)"。请大家结合两种游戏一起练习吧。

---

① 虫眼:从微观角度看问题。——译者注
② 鸟眼:从宏观角度看问题。——译者注

通过"指路游戏"
提高逻辑说明能力

写作要有"逻辑性",也就是说"写作要有条理"。写作不同于聊天,不能用表情、语气以及动作来辅助表达,它的内涵是"落笔即成"的,而"指路游戏"就能让写作更有条理。我们需要做的就是看着地图对起点到终点的路线做出说明。如果读者能对照这份说明顺利到达终点,它就算得上是一篇正确且有条理的文章。接下来就让我们来练习一下吧,请看下面的地图。

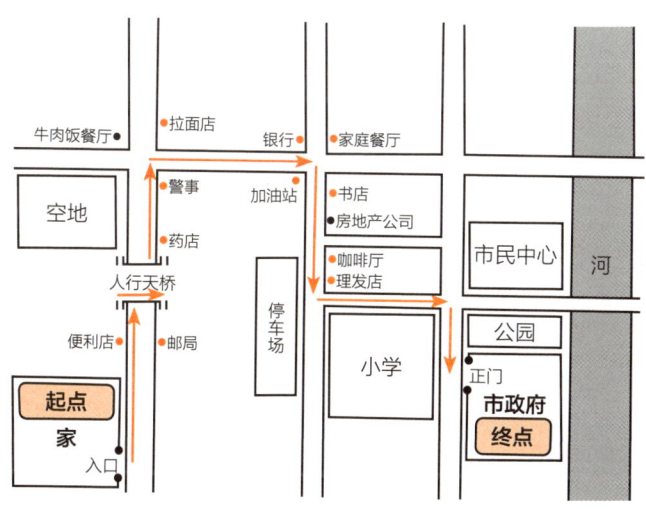

请用通俗易懂的语言介绍一下上图起点（家）到终点（市政府）的路线。

答题框

"不操之过急"是说清路线的窍门。一定要**条理清晰并确保正确地引导**，比如先从A地引导到B地，然后从B地引导到C地，每次拐弯都要注明"拐角处有什么标志"，这样做可以避免遗漏重要的信息。

当小学前面和小学后面都有道路时，只说"在小学那儿拐弯"会让读者不知所措："究竟是学校前面那条路，还是后面那条路？"所以请务必写清楚："在小学前面那条路拐弯。"

另外，不仅要写明在哪条路拐，还要注明是向左拐还是向右拐，比如"在小学前面那条路往左拐"。下面是一篇范文。

> **范文**
>
> 出了家门向左走,穿过便利店前面的天桥,在药店一侧下楼梯,此时药店在你右手边。然后一直顺着马路往前走,在右边有警亭的十字路口右拐,然后在下一个十字路口(右手边有加油站)右拐。接着直走,经过左手边的理发店(小学前面)后左拐,然后在下一个十字路口右拐。这时,你会看到左手边的公园,继续走就是市政府的正门。

需要注意的是,一篇文章不能全是读者不知道的内容,用未知解释未知。特别是说明文,**已有知识有助于读者对文章的正确性做出判断,所以,写作时应适当加入读者已知的内容**。要想让读者正确地理解文章内容,最重要的就是站在读者立场,将文章写得通俗易懂。因为很可能作者烂熟于心的内容,读者却对它一无所知。人本就容易犯错,如果再将重要信息省略不写,很可能会导致读者出现理解偏差。也正因为如此,我们写作时一定要慎之又慎。

另外,下笔前先将路线口头梳理一下也是一个不错的方法。口头梳理相当于打草稿,会让正式写作顺畅很多。

当然,这个方法也适用于其他类型的文章。"说出口"**不仅能确认自己的理解程度(包括确认是否有信息不足的地方),还有助于勾勒出文章的整体结构**。

大多数不擅长写作的人平时大都不怎么谈及自己要写的内容或主题。反过来说,平时经常聊到的内容写起来就会容易很多。**觉得自己输出困难的人,请务必在"写"之前把内容"说"一遍**,这样可以提高写作的速度和文章的准确度。

另外，除了"指路游戏"，还有很多方式可以锻炼说明能力，以下是我觉得可进行说明练习的题目，大家不妨一试。

① 说明房间布局
② 说明烹饪步骤
③ 选一张用手机拍的照片，并对其进行说明

无论选哪一个，都请先口头说明，然后再将其写成文章。只要能让读完文章①的人想象出房间的布局，读完文章②的人做出那道菜，读完文章③的人联想出照片中的画面，那么文章就算合格了。

在"模仿"中释放出自己的魅力

你想写哪种风格的文章?这里的**"风格"是指作者独特而鲜明的格调**。

譬如,工作汇报这类商务文章会力求避免个人风格,因为工作文书所追求的是简明扼要、通俗易懂,谁写都一个样。相反,个人写作则是以形成个人风格为最大乐趣。

下面是4篇反对万圣节在涩谷集会的文章,请体会一下它们之间的风格差异。

文章1

我会尽可能避开万圣节去涩谷。那天的涩谷街头乌烟瘴气,到处都是喝酒、cosplay的人。说实话我是有点害怕的,所以那天我会选择在家里和家人悠闲度过。【平淡风格】

文章2

我绝不会踏入万圣节的涩谷。在cosplay的人群里,邪恶,宛如一缕毒烟,肆意盘旋着。住在我心灵深处的那支小小自卫队早已敲响了"不准靠近"的警钟。【语气强硬的诗体】

> **文章3**
>
> 万圣节的涩谷可不能靠近哟！有很多人原本只想去凑个热闹，结果却被cosplay人群推搡着坠入了黑暗之中（笑），真的是得不偿失。【轻快自由的风格】

> **文章4**
>
> 万圣节的涩谷？那根本就是日本之耻。我是非常看不起那些阔步街头却又毫无素质的cosplay团体的。我可不想被当成和他们一样的笨蛋，也不想和他们呼吸同一片空气。【粗暴且居高临下的风格】

不同的写作手法，会让读者对作者人品以及文章内容产生全然不同的印象，而不同的风格正是造成不同印象的根本。

谈到写作技巧，仅是"普通体"和"尊敬体"就能营造出完全不同的文章氛围。文章的风格正是由节奏、断句、标点符号、用词、平假名片假名的比例及其区别使用等各种因素的交织融合所形成的。当然，奠定其基础的还是作者的价值观、思想和哲学理念等。

要想形成自己的风格，可以先从模仿自己喜欢的作家的作品着手，**通过研究文章，学习作家的用词、节奏、文章结构等，这样就有助于形成自己的风格。**

早在我当写手时，曾被要求写各种风格的文章，为此我模仿过古今中外各种各样的名家作品。

譬如，三岛由纪夫的文学作品厚重庄严，椎名诚的游记轻快自由，沢木耕太郎的纪实文学真实严肃，江国香织的随笔温柔清透，小田嶋隆的专栏讽刺和幽默交融，本田健的自我启发类书籍通俗易懂，花村万月的小说则是情绪饱满的独白风格。

现在我们可以模仿的不只是作家，还有网络上受欢迎的博主、评论家、网红。

所谓的模仿，其实就是在自己的大脑内模拟体验别人的脑回路。而我们吸收的不只是写作风格，**还有对方的思想、哲学理念、价值观、人生观，等等**。这也正是模仿有意思的地方。

也许会有人担心，在模仿中所形成的风格会不会掩盖掉"个人特色"？请绝对放心，那些因为模仿而消失的东西可能原本就称不上"个人特色"，只有**在无数模仿中沉淀下来的才能被称为"个人特色"**。并且，只要你还在写作，它就不会消失。相反，我们甚至可以说，**持续模仿有助于释放出作者原本的魅力**。

将写作时间缩短两成

请问你是否也有过这样的经历,本以为"可以轻松搞定"的工作,结果却是赶在截止日期前才仓促完成?并且,即使花费了大量的时间,也不见得完成得有多好……这样说没错吧?

"工作量会在允许时间内膨胀"——这种现象被称为"帕金森定律"。正因为如此,**"帕金森定律"**也被戏称为"拖延法则""偷懒法则"等。

这个"帕金森定律"也可以用在写作上。比如,如果要求员工在次日的17点前提交报告,估计大多数人都是踩点完成。那要是截止时间是15点呢?我想大家也一定会在15点前提交。并且,报告的品质也不见得会比17点前提交的差,说不定短时间内精力高度集中所写出来的还会更好些。

是的,**人的大脑会为了能在有限的时间内完成任务而加速运转。于是,写作时就能更好地集中注意力,继而文章的品质也会提高。**

我的自身经验也是如此。很多时候,时间越充足人反而越懒散,注意力也会下降。

另一方面，当有严格的截止日期的规定时，我们反而会超水平发挥。为了激发出"人的应激反应"，缩短规定时间是最有效的方法。因此，我建议"将写作时间缩短两成"。

- 写博客【平时：60分钟】→【50分钟内写完】
- 写报告【平时：20分钟】→【15分钟内写完】
- 写论文【平时：90天】→【70天内写完】

像这样，**缩短两成的写作时间不仅能加快写作速度，说不定还能提高文章品质。**

或许刚开始难免超时（被"习惯"拖了后腿），但只要坚持练习，注意力就能逐渐提高。

树立实践"PDCA"的意识

也许你对"PDCA"略有耳闻。作为业务流程的管理方法,它常被应用于工作当中。

① **计划(Plan)** → ② **执行(Do)** → ③ **检查(Check)** → ④ **改善(Act)**

周而复始的"PDCA"循环能不断提高工作精准度。它虽然常被应用于工作,但却很少有人将其应用于写作。而本书所介绍的正是"PDCA循环在写作中的应用",应用方法有两种。

> **PDCA的应用方法1**
> ① 计划(Plan): 收集信息 / 设定主题 / 设定目标等
> ② 执行(Do): 写文章
> ③ 检查(Check): 反复阅读,推敲
> ④ 改善(Act): 修改文章

①是写作前的准备,②是"热情"写作的部分,③和④是"冷静"修改的部分。

而"PDCA"的第2个应用方法则要求更高一些。

> **PDCA的应用方法2**
> ① 计划（Plan）：明确写作目的
> ② 执行（Do）：写文章（包括"'热情'写作、'冷静'修改"）
> ③ 检查（Check）：验证是否达成写作目的
> ④ 改善（Act）：为了下次能达成目的而做出修改

"应用方法2"是为了达成写作目的而执行的。可以说，它里面的②包括了"应用方法1"里的①~④。也就是说，"应用方法1"里收集信息和写文章等行为只是达成写作目的的部分途径。**只有对整个流程不断地检查和改善，才能达成写作目的。**

表格6-4 写作目的和结果示范

传递手段	写作目的	结果（没能达成目的）
企划书	企划书被采用	企划书没有被采用
招募文	邀请100个人来参加活动	只来了50个人
论文	获得全班第一的高评价	教授给的评价很低，受到很多批评
致歉邮件	获得对方的原谅	没能得到对方的原谅
SNS	在推特上被转发	基本没有人转发
推销文	1天卖出30件商品	1天只卖出2~3件
警告	让对方在指定日期倒垃圾	还有很多人不在指定日期倒垃圾

但是，很少有人会在文章写好并公开（提交）后对其再度进行检查。

那些顺利达成了写作目的的文章倒还好，但很多人对没能达成目的的文章也没有太大反应，并没有再去检查和改善。

如果没能获得预期的效果，那就一定是某个地方存在问题。**要想提高写作能力，最重要的就是每次都要弄清楚问题出在了哪里。**

可能存在的问题点（一个例子）
- 目标读者设定错误
- 没能把握读者的需求
- 与目标读者的需求不符
- 因"表达不充分"而让读者无法理解
- 因"数据不充分"而不能让读者信服
- 太爱讲道理，很难产生共鸣
- 内容太抽象，读者无法理解
- 文章的情节/节奏很差
- 主题和标题引不起读者的兴趣
- 公开媒介（媒体等）不好

当然，有时我们无法完全弄清问题存在的根源，有些问题甚至是由综合性原因导致的。话虽这样说，**我们也不能不去查找原因，否则永远都写不出"达成目的的好文章"。**

查找原因的最佳办法是获得目标读者的反馈。如果是一篇为了募集参加者的文章，只要了解人们"为什么不想参加"，就能做出相应的对策。

如果不能直接获得目标读者的反馈，那么目标读者以外的人的反馈也可以。当局者迷，旁观者清。只有他人才能察觉到自己不曾在意的地方。**听取他人意见是提高写作能力的关键。**

可能受他人评点会不太好受，但我们应该心怀感激。毕竟，**只有认识到"不足"才能对其修正，否则我们将永远重复同样的错误。这样想来真的好吓人！**当然，**别人的意见终究只能作为参考，最终还是得靠自己来提出修正方案**，"补充令人信服的依据""调整文章内容的顺序""更换'礼物'""更换用词"或是"调整标题"，等等。

将PDCA循环应用于写作，文章品质便能得到飞跃式提高。改善"不完善的地方"，并从中吸取经验教训——这不仅是写作中非常重要的一环，也是人的成长过程中不可或缺的过程。正在阅读本书的你一定希望自己能写出一手好文章的吧？那么，就请为了你的"好文章"而灵活应用"PDCA"循环吧。

每天写下 3个好消息

到这里，本书已经介绍了许多写作技巧，**但只有动笔写时才会发现，文章不仅是给读者，也会给自己的内心带来很大的影响。**

比如，如果你的笔记本上写的都是"我是个没用的人""我什么也做不了""我是个傻子""人生真无聊"等消极内容（不平、不满、抱怨等），那么现实也会随之变得消极。

其中原理我在第2章的"九宫格信息收集法"里曾提到过，**"写"这个举动就好比"安装天线"，如果安装的是接收消极信号的天线，那么就会接收消极的想法和现实。**

这和说别人坏话、诽谤中伤他人是一样的。"不会原谅那个家伙""那家伙真是个傻子""最讨厌那个家伙了"……把别人写得越不堪，接收的消息就越消极，消极的现实也就越聚越多。

道理很简单，所想即所得。

并且，写下的内容会渗透到我们的"潜意识"里。有这样一种说法，主观可控的"显意识"与主观不可控的"潜意识"的比例是"3∶97"。如果潜意识认为"我不行"，那么，即使显意识觉得"我可以",最终也会是潜意识获胜(并且是压倒性胜利),因为人时刻都处于潜意识的控制之下。

另外,据说大脑其实并不能分辨"人称"。所以,即使写下的是"某某部长是个傻子",反映到大脑里的可能是"我是个傻子"。

也就是说,虽然写别人坏话的那一刻会很爽,但"傻子"这个信息会渗透到作者本人的潜意识,最终伤及自己。不管怎样,我们不能小觑语言的力量。

在这里给大家推荐一个方法,那就是**"每天写下3个好消息"**。所谓的好消息,就是"对你有益的事""让你高兴的事""让你感动/心怀感激的事",等等。

可能有人会说"每天根本没有3个好消息"。之所以会这样想,不过是他们对"好消息"的定义太严格罢了。好消息不分大小,觉得没有好消息的人不妨降低一下标准。

好消息举例:
- 比平时起得早了一点
- 本来以为会迟到,但是勉强赶上了
- 中午套餐的米饭是大份的
- 被上司表扬了
- 春天的天气真舒服
- 收到的奶油泡芙很好吃
- 期待已久的漫画新刊发售了

- 看YouTube大笑起来
- 上周感觉有点感冒，现在身体一点点好起来了
- 和好友时隔3年再聚在一起喝了茶
- 去看了热门的电影（故事情节令人感动）
- 忘记带伞出门了，结果并没有下雨

每天写下3个好消息，就等于在大脑里不断地安装收集积极信息的天线。

说起来，"写好消息"这个意识本身就是一个信号很强的天线。只要持续保持这个意识，好消息就会纷至沓来，有人甚至会惊讶地发现"真没想到自己身边竟然有这么多好消息"。

自我启发的技巧里最有名且最有效的就是"思考现实化"。即便只是在脑海中想到一些"好消息"也会有一定的现实效果，写下来的效果则还要翻几倍，甚至是几十倍。

通过"写出来=可视化"建立起强有力的信息收集天线，与此同时，积极的意识会不断向思维深处拓展，更广地渗入人的潜意识里。

这样，写作不仅可以传递给他人信息，也成为让自己积极成长的有效方法之一。

当然，是否采用"每天写下3个好消息"的方法完全取决于你自己。如果你"对自己的生活现状不满""想让自己有所改变，收获成长"，建议你尝试一下。

为5年后的自己写份"未来简介"

还有一项工作,如果和"每天写出3个好消息"一起做的话,你的人生将发生巨大的改变。这项工作就是**"为5年后的自己写份'未来简介'"**。

通常来说,"简介"写的是过去的经历和当下正参与的活动,而这个"未来简介"写的却是5年后的自己。虽说是"未来",但并不是简单的"预想"或"推测"。它的独到之处就是**执笔时要假设自己正身处未来**。

这里有一点需要注意:**千万不能写5年后可预见的大概率会达成的自己。**

比如,像"现在是主任,顺利的话,5年后会被升任为主管"这种情况,就没有必要特意写一份"未来简介"。写可以预见的内容就如同在铺好的轨道上行走,并不会让人生发生巨大的改变。

未来简介里要写的应该是5年后理想的你。

假设现在你来到了5年后,**请在脑海中想象出自己最理想的样子**。不要设任何限制,包括金钱、场所、人、资质等。不要想太多,不用害羞和客气。

在设想好理想的自己后，就可以动笔写了。

"认定××吉尼斯世界纪录""通过了司法考试""住在港区塔楼公寓的顶楼""在轻井泽、夏威夷还有洛杉矶都拥有别墅""首次当选众议院议员""到剑桥大学留学""恋爱修成正果，和××结婚""决定乘坐民间宇宙飞船去宇宙""托业考了990分""自己创业开公司，3年内成长为年收入5亿日元的企业"……任何内容都可以。

觉得自己"不会写那些空话"的人，**他们持有的这种成见早已在潜意识里根深蒂固**。请卸下所有的约束，去畅想自己理想的未来吧。

为此，我写了一篇5年后的自我简介，仅供参考。

> **文章**
>
> 　　自2019年出版的《九宫格写作法》（综合法令出版）销量破百万以来，我每年都会出版5本书籍，迄今为止共计50余本，累计销量超过500万册，并被全球30个国家翻译出版。我担任讲师的"superwriter培训讲座（3DAYS）"以中国为据点，每年在世界各地举办约30次讲座。
>
> 　　现在的我常常往返于轻井泽的原木风格的家，以及位于龙目岛、巴厘岛的别墅之间，依然从事着热爱的写作、演讲事业。
>
> 　　2024年出版的《猎人四重奏》跨越了儿童小说的类别，首次荣获直树奖。同年，我创办的国际写作大学被联合国认定为示范校，它以"传递、共携"为理念，以亚洲为据点，在全球25个国家设立了分校。
>
> 　　另外，我所属的乐队2020年正式发行单曲《唱响展览馆》，并创下了全球累计下载1000万次的记录，同年乐队首次登上了红白歌会的舞台。

> 我的妻子是获得Women of The Year 2021"女性生活规划咨询师"称号的山口朋子，女儿是因2022年发表的论文《美可以用公式表达》而成为了话题人物的山口桃果。
>
> 我的爱好是跑马拉松。除了东京马拉松和檀香山马拉松，我还跑完了纽约·城市马拉松，现在正在计划从2025年起进行一次以"世界村"为主题的环球旅行。
>
> 同时我还被日本文部科学省认定为特别顾问。

虽然连我自己都觉得，这篇简介未免过于天马行空，但这样写是没有问题的。（如果你觉得"内容还有些保守"那就更棒了）

说实话，我并不想把自己的未来简介放到书中来，因为它可能会限制你的自由发挥。请不要被我的未来简介束缚了想象，尽情地去描绘理想的自己吧。

说到写未来简介，这里有两个关键，**一个是"设想自己就是理想中的那个人"**，另一个是**"要写得具体"**。

谁也不会对5年后的你指指点点，请尽可能真实地将想象写出来，并尽情体会写作给我们带来的"兴奋""愉悦"和"充实"吧。

你是不是在笑着写未来简介呢？如果没有，要么就是你过于克制自己，要么就是你对自己理想的未来持怀疑态度。写未来简介时必须放下一切"怀疑"，当你放下约束，能笑着去写时，就能写出真正有效果的未来简介了。

你应该听过"自我印象"这个词吧，所谓的自我印象指的是"自己对自己的印象"。它大致分为两种，如果自我印象差，便会觉得自己"做不到""不行""是个笨蛋"；如果自我印象好，便会觉得自己"可以""很厉害""有才能"。

只要将5年后的未来简介内容输入自己的潜意识里，自我印象就会逐渐变好。并且为了让其效果最大化，**请每天大声朗读你所写的内容，并将它放置在目之所及的地方**（也可以将它写在随身携带的笔记本上）。

如果想到了更加理想的未来，请随时更新简介内容。有一天你会发现，自己人生正朝着自己所写的那样转变着。**通过写作，你一定会成为"你想成为的人"。**

写文章最重要的就是要有送给读者礼物的心情。那么"未来简介"是送给谁的礼物呢？是的，正是你自己。

在写未来简介时，请送给作为读者的你一份最好的礼物吧。

毕业题：用"九宫格自问自答法"写一篇影评

好了，到这里本书也已接近尾声。最后，就用本书提到的知识点来写篇影评吧，"九宫格自问自答法"对写评论也是很有帮助的。

比如要写一篇关于2018年的话题电影《摄影机不要停！》的影评，假设这是一篇博文，请开始自问自答。

接下来免不了会剧透电影内容，请打算看这部电影的读者朋友们注意。

在下页的表格6-5中自问1～4是基础问题，之后是铲子问题。当然，这些都只是列举的例子，除此之外还可以提出很多问题，比如"哪个演员最引人注目？""喜欢哪句台词？""想向哪些人推荐这部电影？"等。你可以根据自己的需要以及文章篇幅提出有用的问题。

同时，我们要尽可能具体地写出自问的回答。比如，作为自问3"导演和演员是谁"的回答，仅仅写"导演和演员都没有名气"是不够的。

我把"据说它是某电影制片学校兴趣小组所拍摄的作品"这个内幕也写入了自问3的回答里，这是我在网上查到的。当信息不足时，

表格6-5　九宫格自问自答法　题目：摄影机不要停！

自问1 是什么类型的电影？	自问2 为什么想去看这部电影？	自问3 导演和演员是谁？
小成本制作的电影； 本以为是恐怖片（丧尸类），其实它是一部描写电影幕后充满人性、令人感动的电影； 电影里充满喜剧元素，让人笑得停不下来。	因为不仅社交平台上有不少好评，电视台也曾将其作为"话题电影"介绍过。	导演是上田慎一郎，没什么知名度，演员也名不见经传。并且据说这部电影是电影学校的某个兴趣小组拍摄的作品。
自问4 看完之后的感受是？	**自问5** 这部电影前半段和后半段不连贯吗？	**自问6** 有没有特别值得一提的地方？
特别精彩！ 前半段37分钟的长镜头拍摄看得人心惊胆战； 后半段描写的是电影的幕后制作，笑点不断，最后的结尾又非常暖心，让人深为感动。	这是一部剧中剧； 如果算上拍摄这部电影的现实世界，它一共有四重结构； 但为了不给人过于复杂的印象，导演在很多地方做了技术处理。	那就是电影工作人员对电影的热爱； 演员们在拍摄现场认真对待工作和人生的态度，以及人性化的氛围，都让我非常感动！
自问7 你最喜欢哪一幕？	**自问8** 这部作品想要传递的"信息"是？	**自问9** 你给满意度打多少分？
因为会透露剧情，不便在此多写。但剧中剧的最后，全体演员共同做了"一件事"。看到他们团结一致的样子，我的眼泪情不自禁地流了下来。这一幕会让人笑着哭，是全剧最棒的一幕。	这个从电影标题就能看出来。影片中对电影制作非比寻常的远大志向，引发我们去思考"专业究竟是什么？"。	满意度95分！ 因为忽略了好几处伏笔，所以还想再去看一次。

可以通过"读书""网上检索""向别人打听""亲身体验"等方式收集外部信息。

> **文章1**
>
> 　　电影《摄影机不要停！》实在太精彩了！因为看到SNS上有很多好评，而且电视上也将其作为话题电影报道过，所以看之前我就非常期待。但是，电影的精彩程度还是远远超出了我的预期。
> 　　其实这部电影是用300万日元的超低预算拍摄的，导演上田慎一郎和演员们都没有名气，据说它是电影学校某个兴趣小组的拍摄作业。
> 　　因为会剧透，所以不方便多写，但这部看似恐怖惊悚的电影……最后会有个大反转。这既是一部激情描写电影幕后、充满人性、让人感动的电影，又是一部充满喜剧元素的群像剧。
> 　　这部电影可分为两大部分。前半段一镜到底，时长37分钟，看得人心惊胆战；而描写电影幕后制作的后半段却是笑点不断，在愉快的氛围中收回伏笔。看着大屏幕里满身都是泥和血的人们，观众被他们对电影和家人的爱深深感动……给人一段不可思议的观影体验。（笑）
> 　　而最触动我内心的是，每个角色在拍摄现场认真对待工作和生活，并得以成长的情景。一般来说，人是不可能在37分钟内有所改变和成长的——这也是社会常识。但是，他们做到了。
> 　　因为会剧透不方便多写，但剧中剧最后有一个场景是全体演员共同做了"一件事"。看到他们团结一致的样子，我的眼泪情不自禁地流了下来，这是让我笑着哭的一幕。
> 　　另外，"放弃就会功亏一篑"是贯穿电影始终的精神，这也体现在了电影标题里。不仅是电影制作，不管做什么，要想得出好结果，最重要的就是不要放弃。
> 　　算上拍摄这部电影的现实世界，这个剧本实际一共有四重构造，非常复杂，但为了让观众容易理解，它在很多地方做了处理。
> 　　这是一部精彩程度远超其制作成本的杰作。因为忽略了好几处伏笔，我还想再去看一次。

当然，在写作过程中，我们也会写一些"临时想到的事""原本不想写的事"。"写"时常会激发出新的"想法""发现""突然想到的内容"也是编织文章的重要信息。所以，这一阶段请不要放掉任何信息，要抓住一切。

接下来，再让我们"冷静"地修改一下上面那篇文章。

文章2

> 电影《摄影机不要停！》实在太棒了！其精彩程度远远超出了我的预期。虽然是一部以300万日元的超低预算制作的电影，但它的感人程度却丝毫不逊色于好莱坞的大制作。
>
> 一镜到底的前37分钟着实让人捏了一把汗，而描写这37分钟制作内幕的后半段却是在笑点频发中收回伏笔。观众被大荧幕里浑身沾满血和泥，却深爱着电影和家人的人们深深感动……它给人一段不可思议的观影体验。（笑）
>
> 每个角色都在拍摄现场认真对待工作和生活并收获成长，这样的情节深深触动了我。
>
> 剧中剧的最后，剧组全体人员为了"同一件事"而努力的场景，更让我泪流满面。让我笑着哭的剧情这还是第一个。
>
> 而贯穿电影始终的是"放弃就会功亏一篑"的精神。因为错过了好几处伏笔，所以我打算再去看一次。

我删减了近一半的篇幅（在删减过程中修改了用词，调整了顺序等）。调整之后读起来会比文章1顺畅。

总之，人们总是想将"想写的内容"全部写入文章中，但结果就是不少文章最终变成了一篇冗长乏味的流水账。

虽然刚开始写时还看不出问题,但是为了让读者读起来不"费劲",我们要拿出利落剪掉"枝叶"的勇气。

最重要的是要掌握按要求自由调整文章篇幅的能力。文章2大约是300个字,但有时我们需要按照要求将其扩充到700字以上,或者精简到150个字以内。

特别是**必须增长篇幅时,我们要预先增加自问自答的数量,以便输出足够的信息**。

在提铲子问题时,我们要时刻思考"送什么样的礼物能让对方高兴"。如果能提出找到礼物的必要问题,不就能写出让人回味无穷、兴趣盎然的文章了吗?

结 语

想问看完这本书的你一个问题：本书在你的大脑和内心中留下了什么？答案肯定是因人而异的。因为正如书中所说，你想要的决定了你能得到的。

"想知道如何获得写作素材""想知道如何能流畅地写作""想知道如何构建出好的文章结构""想知道文章的作用""想知道如何灵活运用九宫格"，等等，不管你想要的是什么，我想你应该已经找到了想要的"答案"。

因为"想要"代表"有这个意识"，这也就意味着会设置相应的"天线"来接收相应的信息。

如果用一句话来概括九宫格的意义，那就是"能确切地将信息内化为自己的东西"。无论是自问自答，还是收集信息、筛选已有信息，只要填好九宫格，就能将信息可视化。而这些被可视化的"信息"可都是"价值千金"，它们一定会对你的写作有所帮助。

懂得用九宫格获取必需"信息"的人是无敌的，因为他们不仅能摆脱"写不出"的烦恼，还能**将写作作为武器，拓展自己的人生**。

作为作者，没有比听到你说"现在想要写篇文章"更高兴的事了。

文章不仅是向他人传递信息和想法的工具，也是与人沟通的工具。同时，它还是直面自己、与自我沟通的工具。

写作能让人们更好地了解自己，了解如何实现自己的目标和梦想，从而更有可能实现自己的目标和梦想；写作还能为他人做贡献，从而受到大家的尊重和信任；最令人兴奋的是，我们自己也会在这个过程中继续成长（无一例外）。

请相信，你的手里早已握有强大的"写作"武器，请每天认真地提升你运用这一武器的能力吧。

最后，要感谢从我开始计划写这本书起就一直给予我合理建议的大岛永理乃编辑。

同时，非常荣幸能获得畅销书作者桦沢紫苑老师的推荐，借此机会向您致谢！

还有，请允许我向最爱的家人——我的妻子朋子和女儿桃果表示感谢，谢谢你们一直以来的支持。

那么合上这本书后，你会做什么呢？或许你可以在笔记本上画上一个九宫格。

2019年4月　山口拓朗